禅の名僧に学ぶ生き方の知恵

ZEN Wisdom:
A Collection of Lessons from Master Monks.

臨済宗円覚寺派管長
横田南嶺

致知出版社

序にかえて

致知出版社とのご縁は、中條高徳先生との出会いに始まります。平成二十四年の夏の日に、中條先生がご夫婦で円覚寺《えんがくじ》にお参りにいらっしゃいました。その折りのことを、先生は「殷鑑《いんかん》遠からず」と題して『致知』平成二十四年十月号の巻頭にお書き下さいました。

そこでは、このようにお書きになっています。「その日、鎌倉は夏の陽が輝き、青葉がまばゆかった。なんと法衣に端然と身を固めた管長様、おん自ら門まで直々のお迎えに恐れ入った」。

中條先生のことはかねてからご尊敬申し上げています。私も緊張の中お迎えしたことを覚えています。

その文章には、「四百余州《しひやくよしゆう》を挙る十万余騎の敵国難ここに見る弘安四年夏の頃なんぞ怖《おそ》れん我に鎌倉男子あり正義武断の名一喝して世に示す」という『元寇』の歌詞を引用して円覚寺の創建に関わる元寇《こぞ》のことに触れられています。

「いまの中国より版図《はんと》の広い元が、突如我が国に襲来した。壱岐《いき》・対馬《つしま》の国守の自決をはじめ多くの同胞《どうほう》が犠牲になった。我が国の先人たちはこの「元寇」の歌詞の如く、熱戦敢闘し、二度とも台風（神風と呼んでいた）によって元は敗退した。

いまの韓国も北朝鮮も元に征服され、元寇では先陣として我が国を攻めてきた。歴史の真実である。

（中略）

横田老師が、国宝の舎利殿《しゃりでん》の後ろにある無学祖元の像が祀《まつ》られている開山《かいざん》堂に案内してくださった。黒光りしている像の直前に立った筆者は身震いした。まさに『殷鑑遠からず』。いまこそ全アジアの国々（主に黄色人種）のリーダーを円覚寺に招き、「円覚寺サミット」を開くべきだと強く感じた一瞬であった。

さまよう我が国と常に無理難題を突き付ける近隣諸国にとって、円覚寺の存在は限りなく重く、かつ宝である」

この記事では、拙著『いろはにほへと』を謹呈したことにも触れられ、その中に森信三先生の「立腰」のことも紹介して下さいました。これがきっかけとなって、寺田一清先生と対談させていただき、今日に到るまで、致知出版社とは身に余る有り難いご縁をいただいています。

中條先生との初めての出会いで、私はすっかり先生のご人格に打たれました。著書も拝読していましたが、先生と直接ご縁をいただいて一層深く尊敬致しておりました。

中條先生と最後にお目にかかったのは、昨年（平成二十六年）の十月の末でした。すでにご病気重く、車いす姿の先生でしたが、談笑のうちにも、その眼光は鋭いものがありました。

「さまよう我が国にとって円覚寺の存在は限りなく重く、かつ宝である」と語って下さった先生の恩に対して、とても十分に報いることをなし得ていません。忸怩たる思いでお別れしましたが、残念なことにその年の暮れにお亡くなりになりました。

中條先生の思いに応える為にも、もっと元寇の戦いのこと、開山仏光国師のこと、怨親平等の精神など、今の日本に語らなければいけないと思っていたところ、致知出版社の藤尾秀昭社長から、禅僧方の列伝について執筆の話をいただきました。これこそ、中條先生の恩に報いる機会と思って、致知出版社のお若い編集者達にまず仏光国師のことから講義を始めました。

私としては中條先生の思いに報いる気持ちが強いので、円覚寺の開山様から円覚寺ゆかりの禅僧方を主に取りあげました。

これからの日本を担うであろう若い方達に自由に話をさせていただき、それを一冊にまとめていただいた次第です。

ですから所謂《いわゆる》学術書ではありません。七人の禅僧達の志と願いを学ぶ為に語ったものです。史実の細かな穿鑿《せんさく》より、その願いを伝える思いで語りました。

その点をご了承の上、禅僧方が何を願ってきたかを読み取っていただきたいと思います。

詩人坂村真民先生にこういう詩があります。

火

先生の
あの清澄
あの放射
あの芳香

それはどこからくるのであろうか
先生のなかに燃えている火
衆生《しゅじょう》無《む》辺《へん》誓《せい》願《がん》度《ど》
あの火を受け継がねばならぬ

（『坂村真民全詩集第一巻』大東出版社より）

真民先生にとっての「先生」は杉村春苔尼でありましたが、私はいつもこの詩を読むと、恩師の松原泰道先生を思い出します。

「衆生無辺誓願度」とは、人々の悩みや苦しみは尽きることはないけれども、誓ってこれを救ってゆこうという願いです。松原泰道先生が九十歳を迎えられたとき、私は終身保つべき言葉を書いて下さいとお願いしたところ、先生はこの「衆生無辺誓願度」をお書き下さいました。

この本を読むにも、それぞれの禅僧方の中に燃えている火、これを感じ取り受け継ごうという気持ちを持っていただきたいと念じます。

この本に取りあげた禅僧方、みなこの「衆生無辺誓願度」の願いに生きられた方々であります。祖国を滅ぼされ、言葉も通じぬ異国の地で苦労しながら、更に祖国を滅ぼした国に攻められるという辛い体験をなされながら、若き執権を支えた仏光国師、鎌倉時代から室町時代にかけて動乱の世に、争いのない平和を終始願われた夢窓国師、江戸時代に自らは厳しい修行をしながらも、民衆と共に生き共に涙を流した正受老人、地獄に気付き地獄に降りて真の救いを説かれた白隠禅師、一時期荒廃した円覚寺の修行道場を建て直し、さらに京都にまで招かれ、禅堂再建のため生涯を捧げた誠拙禅師、明治の時代廃仏毀釈の中、いち早く寺を開放して広く一般の方々にも禅の道への門戸を開かれた今北洪川老師、さらに広く海外にまで禅を伝えようとされた釈宗演老師、今の時代にも大いに学ぶべきものがたくさんございます。

この書を通じて、七人の禅僧方に貫かれている願いを学んで、私たちは今何を受け継ぐべきかと考える一助となっていただけたならば何よりの幸いであります。

最後にこのようなご縁をいただいた致知出版社の藤尾秀昭社長、柳澤まり子副社長、小森俊司さんをはじめとする編集の方々に厚く感謝申し上げます。

平成二十七年九月

横田南嶺

禅の名僧に学ぶ生き方の知恵　目次

第二講　夢窓疎石——世界を自分の寺とする

第三講　正受老人――正念相続の一生涯

第四講　白隠慧鶴——いかにして地獄から逃れるか

第五講　誠拙周樗──円覚寺中興の祖

第六講　今北洪川――至誠の人

第七講　釈宗演——活達雄偉、明晰俊敏

※本文中の年齢は数え年で表記してあります。

装　幀——川上成夫
編集協力——柏木孝之

第一講

無学祖元——円覚寺の「泣き開山」

南宋から渡来し、日本の存亡を懸けた元寇の戦いに臨む北条時宗公に『莫煩悩』の三字を授けて勝利に導いた功労者。その素顔は情に厚く、心温かな人だった。

◉執権・北条時宗公が師事した中国からの渡来僧

平成二十三（二〇一一）年三月十一日、日本に甚大な被害をもたらした東日本大震災が起こって以降、「国難」という言葉がしばしば使われるようになりました。歴史を遡ると、日本はそうした国難にたびたび見舞われてきました。太平洋戦争もそうでしょうし、日露戦争もそうだったと思います。けれども一番初めの国難といえば蒙古軍の襲来、いわゆる元寇（文永の役・一二七四年、弘安の役・一二八一年）だったのではないでしょうか。

文永の役のときは対馬と壱岐が元の大軍によって完全に支配されました。伝聞では島民はほとんど虐殺されて、女の人は手に開けられた穴に縄を通して束ねられ、日本軍に対する盾にされたといわれています。なんとも凄まじい蹂躙《じゅうりん》です。また元軍は博多に上陸し、そこを占領しました。博多にある筥崎宮の楼門には、醍醐天皇がお書きになり、亀山上皇が奉納されたという「敵國降伏」という字を象《かたど》った大きな額が掛かっていますが、この筥崎宮《はこざきぐう》も文永の役のときには焼き討ちにあっています。

当時は鎌倉時代、幕府は北条時宗公が執権すなわち国の指導者となっていました。この時宗公の父親の時頼公は大覚禅師（蘭渓道隆）を開山として鎌倉の建長寺を創建しています。

あの時代の指導者は、自分の身を修めることを大事にしました。当時は天変地異が起こったり疫病が蔓延《まんえん》したりしたときに、今と違って科学的に原因を究明することができませんでした。わからないということが世の中に不安を呼び起こす要因となりました。それを鎮めるために、国を治める者は自らの身を修め、特に心を正すということに重きを置いたのです。また、そのために宗教を大切にしました。

時頼公も時宗公も大覚禅師について一所懸命坐禅をしました。ところが、その大覚禅師が弘安元（一二七八）年に亡くなってしまいます。そこで時宗公は、中国（南宋）に新しい禅の指導者を日本に派遣してもらいたい旨の書状をしたため、二人の僧を使者として中国に送ります（ちなみに、このときの時宗公直筆の書状は今も残っていて国の重要文化財になっています）。

その結果、仏光国師（無学祖元）（一二二六～一二八六）に白羽の矢が立ち、弘安二（一二七九）年、禅師五十四歳のときに来朝されたのです。鎌倉に到着した仏光国師は大覚禅師の後を継いで建長寺の住持となります。時宗公はこの仏光国師に師事して参禅に励むことになりました。それによって国難である元寇に立ち向かっていくのです。

第一回は、この日本の国難を乗り切る大きな力となった仏光国師についてお話ししようと思います。

◉「無とは何か」――その答えを六年かけて求め続ける

仏光国師は一二二六年、南宋の時代に明州慶元府というところで生まれています。十二歳のときに杭州にある浄慈寺《じんずじ》で剃髪受戒して僧になりました。僧になろうと思ったのは、十一歳のとき、父親と一緒にあるお寺を訪ねたことがきっかけでした。そのお寺の僧が、次のような言葉を吟じたといいます。

竹影《ちくえい》、揩《かい》を払って塵動《ちりどう》ぜず、月、潭底《たんてい》を穿《うが》って水に痕無し

(竹が風に揺れてその影が階段を払っているけれども、塵は全く動かない。月の光が池の底まで届いているけれども、水には何も痕が残らない)

お坊さんが吟じるこの詩を聞いて仏光国師は深く感動し、それが出家の志を抱く動機となったといわれています。どこに感動して出家しようと思ったのかは定かではありませんが、仏光国師の心の琴線に触れるものがあったのでしょう。こういうのはひとつの感性の問題で、本人以外にはわからないところがあります。

そして直接的な動機となったのは、父親の死です。明くる年、十二歳のときに父親が亡くなってしまうのです。それでそのまま出家をすることになったのです。

十三歳のとき、仏光国師は径山萬壽寺《きんざんまんじゅじ》に上ります。径山というのは当時の中国の五山の第一位の大きなお寺です。そこで仏鑑禅師（無準師範《ぶじゅんしばん》）という方に参じていますが、この方が仏光国師の一番の師匠にあたります。この仏鑑禅師が日本の禅宗に与えた影響は非常に大きなものがあって、京都の東福寺の御開山である聖一国師（円爾《えんに》弁円）も中国に渡ってこの方について修行をして日本に戻ってきました。

仏光国師は十三歳から十六歳の間は主に仏教の勉強に打ち込んで、十六歳になってから正式に仏鑑禅師について参禅をします。皆さんは禅問答という言葉をご存じかと思いますが、師匠から公案という課題を与えられて、それに対する答えを見つけるというのが禅の修行なのです。これは昔も今も変わりません。

十六歳の頃、仏光国師は師匠から「無」の一字を公案として与えられました。「無とはなんであるか答えよ」というわけです。仏光国師はそれまで相当よく学んできていましたから、一年ぐらい坐禅をすれば答えが見つかるものだろうと思っていました。ところが、一年たっても手掛かりは全くつかめませんでした。そこでさらにもう一年坐禅をしますが全くわからない。そのようにして三年が過ぎ、四年が過ぎ、五年が過ぎていきます。その間、坐禅堂から一歩も外に出たことはなかったといいます。

結局、十六歳から二十二歳まで足かけ六年、仏光国師は「無とは何か」と求め続けていくのです。これが仏光国師という方のまず一番に注目すべきところです。十六歳から二十二歳までというと、普通の人であれば青春真っ只中で、やりたいことがいろいろあるものです。けれどもその間、仏光国師は師匠のもとで、もっぱら「無とはなんであるか」と考え続け、坐禅堂に籠っていたのです。我々も「無」の一字を公案として与えて同じような修行をやります。しかし、五年も六年もそのひとつの問題をやるというのは、よほどの気力がないと続きません。

これが仏光国師の大きな力になっていきました。何しろ坐禅をしていて、ふっと気がついたら一昼夜が過ぎていたというぐらい坐禅に集中していくのです。我々でも坐禅をしていたら一時間が過ぎていたというのならありますが、気がついたら一昼夜が過ぎていた、その間ずっと坐ったままだったというのは大変なことです。その結果、仏光国師は「答えはまだ見えないけれども、もう何を見ても無になっていった」「天も地も皆無字一枚になっていく」というような境地に至りました。

◉夜明けを知らせる板を打つ音を聞いて悟りを開く

二十二歳のある晩、いつものように夕方から坐っていると坐禅堂にかかっている板を木槌で打つ音が聞こえました。この板は開板といって、夜が明けるとそれを知らせるために修行僧が木槌で打つのです。このとき開板が叩かれる音を聞いて、仏光国師は忽然として悟りました。仏光国師はそれをひとつの偈《げ》（詩のこと）に表しています。

一槌に打破す精霊窟《せいれいくつ》
突出《とっしゅつ》す那吒《なた》の鉄面皮《てつめんぴ》
両耳聾《りょうじろう》の如く口唖《くちあ》の如し
等閑《なおざり》に触著《そくじゃく》すれば火星《かせい》飛ぶ

（板を叩く槌の音ですべての迷いが打破された。本来の自己がそのままそこに姿を現した。何も聞こえず何も言えないとしても、うっかり私に触ろうものなら火花が散るぞ）

精霊は「しょうりょう」と読むと「死者の魂」という意味になります。ここでは「せいれい」と読みます。これはいろいろな草や木に宿る霊を意味しますが、禅の世界では「煩悩や妄想の塊」を表す言葉として使います。つまり、朝、板を叩くカーンという音で、今まで煩悩や妄想の巣窟のようになっていたものがすべて打破された。そして那吒《なた》というのは那吒太子という仏法の守護神ですが、ここでは本来の自己を譬えています。今までの迷いの闇が一瞬のうちに晴れて、本来の自己が姿を現したというのです。

その本来の自己とは、ひたすら坐禅に打ち込んでいますから何も聞こえないし何も言葉にできないけれども、「うっかり手を触れようものなら火花が散るぞ」というぐらい生き生きとした力のあるものだ、と。坐ったままで何も聞こえず何も言えないという中にそんな素晴らしい力が生きている、と言っているのです。これが仏光国師が悟りを開いたときの偈です。

こうして二十二歳で大悟したのですが、残念なことに、師である仏鑑禅師がその後すぐに亡くなってしまい、引き続き指導を受けることができませんでした。その後、年譜によると一二四八年に霊隠寺の石渓心月《しっけいしんげつ》に参じ、五二年には虚堂智愚《きどうちぐ》禅師に、その翌年には大慈寺の物初《もっしょ》大観禅師に参じています。この物初大観禅師という方は仏光国師の叔父にあたる方です。すなわち俗縁があるのですが、その方について修行を重ねています。

二十七歳から二十九歳までのまる二年間は禅寺の修行道場の便所掃除だけをやりました。これが大事なところであり、かつ偉いところです。当時の中国の寺には五百人とか千人といった数の修行僧がいました。それだけの人間が毎日用を足すわけですから、その量たるや想像を絶します。

私が鎌倉に来た頃は、便所はまだ汲み取り式でした。僧堂では皆で肥汲みをしていました。肥を汲んで、ちゃぽんちゃぽんと音をさせながら寺の中を通っていくのです。すごく臭いますし、ウジも湧きますし、観光客からの苦情も来ますし、いろいろと大変でした。

仏光国師がなぜそんなに厳しい便所掃除を二年間も続けたのか。ちゃんとした理由があります。悟りを開いた人というのは、そこで満足して終わってしまうと天狗になって、「自分は悟りを開いたのだ」と人を見下すような態度をとるようになりがちです。それをすべて洗い流すために、人より一段下に自らを置いて修行をするのです。いわゆる下坐行です。そのために二十七歳からまる二年間、ただひたすら便所掃除を続けたというわけです。それで初めて、本当の悟りが徹底することになりました。ですから、この二年間は非常に大事な時期であったのです。

◉母親の孝養のためにだけ尽くした七年間

ところが、二十九歳になると仏光国師は禅宗の世界から隠れて、三十六歳までの七年間、小さな庵に母親と二人で暮らします。これは極めて珍しく、また大事なところです。

親孝行といえば、日本ならばすぐに中江藤樹の名前があがりますが、お坊さんというのは親元を離れて修行していますから親孝行な人が多いのが特徴のひとつです。特に優れたお坊さんというのは総じて親孝行です。

仏光国師は母親のために自らの修行を中断し、しかも社会から隔絶して、七年間も孝養を尽くすのです。これはなかなかできるものではありません。この年齢の青年であれば広く社会に目を向けて、そこで活躍していきたいと願うのが普通でしょう。そのお像を見ると峻厳な方に思えるのですが、実際は非常に情の細やかなところがあったものと思われます。

その頃に作った非常に優れた漢詩がたくさん残されています。その中からひとつだけ、ご紹介しておきましょう。

颪《かぜ》、長林《ちょうりん》を攪《か》いて雪牀《ゆきしょう》に満つ
寒藤葉《かんとうは》無く空桑《くうそう》に倚《よ》る
誰《たれ》か知る戸《と》破れ家残る処《ところ》
添い得たり、黄梁客夢《こうりょうかくむ》の長きを

（風が吹いて林をかき乱し、雪が吹き込んで床に積もる。藤の木は葉がすべて落ち、桑の木にも葉がない。この荒れ屋住まいの様子を誰が知るであろうか。誰も知らなくても、心の中では母と一緒に楽しい夢を見ているのだ）

昔の家は今のように密閉されていませんから、雪が降ると部屋の中にまで吹き込んできたのでしょう。仏光国師はそういう中で母親と二人で暮らしていました。そんな暮らしをしているとは誰も知らないだろうけれど、母と二人、楽しい夢を見ながら過ごしているのだ、という詩です。そういうふうにして、母親が亡くなるまで孝養の七年間を過ごしたのです。

◉命の危機に瀕して泰然として詠み上げた一篇の漢詩

仏光国師が初めて世の中に出たのは四十四歳のときでした。一二六九年、台州真如寺の住持となります。ここから仏光国師の活躍がはじまります。

その頃、中国（南宋）はたびたび蒙古（元）の襲来を受けていました。最初にお話ししましたように日本にも一二七四年に押し寄せています（文永の役）。一二七六年、その元軍が仏光国師のいた能仁寺に押し寄せてきました。このとき、仏光国師は元兵から首に刀を押し当てられ命の危機に瀕します。

しかし、仏光国師は一切動じることはありませんでした。それどころか、「臨剣《りんけん》の頌《じゅ》」という偈（詩）を朗々と詠み上げました。

乾坤《けんこん》　孤筇《ここう》を卓《た》つるに地無し
喜得《きとく》す人空法亦空《にんくうほうまたくう》なるを
珍重す大元三尺の剣
電光影裏《ようり》、春風を斬る

（この広い天地は元の大軍に攻められて杖一本立てるほどの隙間もない。しかし私は嬉しい、自分は空であるし、外の世界のあなた方もまた空である。あなたは三尺もある立派な長剣を振りかざしておられるけれども、それでたとえ私の首を斬ったとしても、稲妻の光が春風を斬り裂くようなもので、ただ一瞬のことにすぎず後には何も残らないだろう）

元の軍に攻め立てられて絶体絶命のときにあって、仏光国師は泰然としてこういう偈を唱えるのです。これを聞いて、さすがの元の兵士たちも「只者ではない」と恐れて、刃を収めて何もせずに逃げ帰っていったという話が伝わっています。

この詩はその後、日本の禅宗においても非常に有名になりました。室町時代に雪村友梅《せっそんゆうばい》という禅僧が元王朝の中国に修行に行ったとき、元寇で日本に敗れた恨みからか、捕縛されてあやうく殺されそうになります。そのときに、仏光国師の「臨剣の頌」を唱えたところ、処刑人が恐れて、結局、雪村禅師は自由放免となって無事日本に帰ってくることができたというのです。それくらい、当時、この詩はよく知られていたようです。

無になると腹が据わるのです。若い頃に仏光国師は六年も坐禅を続けていたわけですから腹の据わり具合も並大抵ではなかったでしょう。だから刃を首に当てられても平然としていられたのです。

これで思い出すのは、弘安の役のとき、時宗公が元の使者を斬首したという話です。このやり方については、時宗公は国際的な交渉を知らないとか無謀であるという批判もあります。しかし、時宗公は毅然とした決意を示したのです。それによって国はひとつになりました。時宗公はそのとき仏光国師について坐禅を重ねていましたから、それが時宗公の腹の据わった態度に現れたといってもいいでしょう。

◉弘安の役に際して北条時宗公に授けた「莫煩悩」の真意

弘安二（一二七九）年六月、時宗公の招請によって仏光国師が来日します。八月に鎌倉に到着すると、亡くなった大覚禅師の後を継いで建長寺の住持に就任します。仏光国師が中国を出て日本に向かうときに作ったのが次の漢詩です。

世路《せろ》艱危《かんき》故人に別る
相看て手を握って頼りなることを知らず
今朝《こんちょう》宿鷺《しゅくろ》亭前《ていぜん》の客《かく》
明日《みょうにち》扶《ふ》桑《そう》国《こく》裏《り》の雲

（世の中の道は非常に困難で、いつどうなるかわからない。今、仲間と別れる。お互いの顔を見つめ合って手を握って別れを惜しむ。今朝は天童山の宿鷺寺にいるけれど、明日は日本の国の雲になる）

このとき仏光国師は天童山景徳寺で修行をしていました。この詩は、天童山のお坊さんたちと別れるときに詠んだものです。この年（一二七九年）に南宋は滅んでいます。仏光国師は中国禅宗の中でもトップクラスの人ですから、日本に来てくれることは考えられませんでした。けれども、国が滅ぶという状況もあり、またおそらく日本では禅宗を大事にしているということにも惹かれたのだと思いますが、来日を承諾してくださったのです。

詩にある「世路艱危」とは世の中の道は非常に困難であるということ。「故人」とは死んだ人ではなくて友達です。「宿鷺亭」とは天童山にある建物。「扶桑」は日本のことです。こういう詩を詠んで、日本にお越しになるのです。その当時、円覚寺はまだありませんので、建長寺にお入りになりました。

仏光国師が鎌倉に来て二年後、弘安四年の夏に再び元の大軍が日本に襲来します。いわゆる弘安の役です。このときは十四万人の軍勢が押し寄せてきたと記録にあります。文永の役のときの五倍近くの数です。その内訳は、蒙古と高麗の軍勢が四万、あとの十万は滅ぼした南宋の兵隊たちでした。

この二度目の元寇の前に、仏光国師は時宗公に「莫煩悩」という言葉を授けます。これは『元亨釈書』という書物の八巻に書かれている言葉です。この言葉を授けるときのやりとりがあります。


弘安四年の春正月、平帥来たり謁す。元、筆を采《と》りて書して帥《すい》に呈して曰く、『莫《まく》煩悩』。帥曰く『莫煩悩とは何事ぞ』元曰く、『春夏の間、博多騒擾《そうじょう》せん。而れども、一《いっ》風纔《ぷうわずか》に起こって万艦掃蕩《ばんかんそうとう》せん。願わくは公《こう》、慮りを為さざれ』。果たして海虜《かいろ》百万

鎮西《ちんぜい》に寇《こう》す。風浪俄《にわか》に来たって一時に破没《はぼつ》す。

「平帥」とは北条時宗。北条は源氏平氏でいうと平氏ですから、平の元帥で「平帥」です。時宗公が建長寺に仏光国師を訪ねてきて面会をしたというのです。この「元」は仏光国師です。仏光国師は中国の人ですから日本語は喋れません。そこで筆で文字を書いて時宗公に示したわけです。一種の筆談です。そのときに書いたのが「莫煩悩」という言葉。これは「煩悩することなかれ」という言葉です。

すると時宗公が尋ねます。「莫煩悩とはどういうことですか？」と。仏光国師は答えました。「春から夏の間に博多で大きな戦があるであろう。しかし、さっと風が吹いて万艦はすべていなくなってしまう。だから、時宗公は何も心配することはありませんよ」。一種予言めいた言葉です。

果たして結果はどうなったかというと、元は十四万の大軍で九州に攻め込んできましたが、台風が来て壊滅状態になりました。当時の船は粗悪なものでしたから、台風の波や風にはひとたまりもなかったのでしょう。もちろん、文永の役で一度戦っていて日本側も防塁を築いて万全の態勢で戦いに臨んだことも幸いしたのでしょう。そういうわけで、仏光国師の言葉どおり終わったのです。

この言葉の真意はどこにあったのでしょうか。おそらく祖元は「大将が煩悩にとらわれてぐらぐらしていたのでは国は治まりません。だから、余計な気煩いをせずに、どんと腹を据えていなさい」とアドバイスしたのでしょう。弘安の役のとき、時宗公は三十一歳とまだ若かったので、こういう的確な助言をくれる人が傍にいたというのは非常に心強かったのではないかと思います。

仏光国師のアドバイスに従って、時宗公自身は九州に行かず、鎌倉を動きませんでした。代わりに行ったのは弟の宗政ですが、大怪我をして帰ってきました。この宗政の死後、菩提を弔うために創建されたのが浄智寺というお寺です。

◉円覚寺を開く、そして時宗公の死

仏光国師の語録（全十巻）が残っています。すべて漢文で書かれていますが、一か所だけ日本語が出てきます。それが「いろはにほへと」というものです。これは仏光国師が円覚寺を開いたときの言葉の中に出てきます。

然も是の如くなりと雖《いえど》も老僧手の舞い足の踏む場を作《な》して、燕管相待《えんかんあいたい》し去らん。いろはにほへと、囉囉哩哩囉囉囉《ららりりららら》、君に勧む、樽中《そんちゅう》の酒を飲み尽くせ、老僧陪笑《ばいしょう》し又陪

歌せん。且つ道《い》え、是れ何の曲調ぞ。卓拄杖《たくしゅじょう》して云く、万年歓《まんねんかん》。

なぜ突然日本語で話したかと考えるのですが、おそらくこれは一種のリップサービスと思われるかもしれません。今でも外国に行くと、最初に少しだけその国の言葉であいさつをすることがあります。それと同じようなものではないかと考えられますが、この一言にも禅の心がこめられています。

この円覚寺は弘安の役の終わった翌年（一二八二年）十二月に開創されました。仏光国師は建長寺に加え、円覚寺の住持を兼任しました。このとき仏光国師は五十七歳です。ところが、その二年後に時宗公が三十四歳の若さで亡くなってしまいます。病死のようですが、元寇のときの心労がそのもとになったのではないかといわれています。

時宗公が亡くなったときに授けられた位階は従五位という非常に低いものでした。ここからもわかるように、元寇から日本を守ったという時宗公の功績は、歴史上、それほど大きな評価はされていなかったのです。ところが、明治時代になると風向きが変わり、従一位が追贈されることになりました。明治天皇が時宗公を非常に評価されたのです。

元寇以後、江戸時代に至るまで日本では戦乱が続きました。しかし、それはほとんど国内の争いです。豊臣秀吉が朝鮮に出兵しましたが、本格的に明軍と戦ったわけではなく、ちょっかいを出した程度で終わったといっていいでしょう。ところが明治になると、日清・日露という大きな対外戦争が勃発しました。

朝比奈宗源老師という円覚寺の三代前の管長が『覚悟はよいか』に書いていますが、豪胆で知られた明治天皇が日露戦争の開戦の詔勅に署名するときに手が震えて書けなかったというのです。大国ロシアと戦うわけですから、ひょっとしたら負けてしまうかもしれない。そうすると百何十代も続いてきた皇統が自分で終わり、日本がなくなってしまうかもしれない。それを思えば手が震えて署名ができなかったというのもうなずけます。そのときは、お側にいた人が明治天皇の手を押さえて震えを止めて、ようやく詔勅に署名をしたという話です。

明治天皇ほどの豪傑でも、戦争を決断するというのは震えが止まらないほどの心労であったのです。それゆえ明治天皇は、日本の歴史上、国を懸けるという決断をした時宗公に従一位という高い位階を追贈したわけです。確かに時宗公の心労は凄まじいものであったに違いありません。それが三十四歳という若さで亡くなってしまう原因になったというのは十分に考えられることです。

◉幾多の漢詩に詠み込まれた仏光国師の細やかな人柄

時宗公が亡くなった二年後の弘安九（一二八六）年九月、仏光国師も六十一歳でお亡くなりになりました。その亡くなる前に残している詩をご紹介しましょう。

法《ほう》の為人を求めて日本に来たり
珠回《たまめぐ》り玉《ぎょく》転じ荒苔《こうたい》に委《ゆだ》ぬ
大唐《だいとう》沈却す、孤筇《ここう》の影
添い得たり、扶桑一掬《いっきく》の灰

（仏法を受け継いでいく優れた人材を求めて日本に来た。いろいろなことがあったが、もうあとは死んで墓に苔が生えるにまかせるだけである。唐の国から一本の杖が消えてなくなった。その代わりに日本の国にひとすくいの灰を添えたのだ）

自分は中国から日本にやってきた。そこで何をしたかといえば、死んで焼かれて日本の国にひとすくいの灰を添えるだけだ、と。なかなか趣のある詩です。

また、亡くなるときにはこういう言葉を残しています。

吾此の土《ど》に臨んで受苦八年、且喜《しゃき》すらくは今夜快怡《かいい》し去らん。
（私はこの地に来て八年苦労をした。しかし、今夜で楽にしてもらえる）

仏光国師が日本に来たのが五十四歳。今であれば五十四歳といっても、これからもうひと踏ん張り頑張ろうという年齢ですが、当時の平均寿命はおそらく三十から四十といったところでしょうから、五十四歳というのは今でいえば七、八十歳に相当するのではないでしょうか。人生の晩年です。そんな年になって慣れない土地にやってきたのです。そして異国の地で八年間苦労をした。けれども今晩やっと楽にしてもらえる、と。万感の思いが胸に沁みます。

そして次のような遺偈（遺言代わりの詩）を残しています。

諸佛凡夫《しょふつぼんぶ》、同《とも》に是れ幻《まぼろし》
若し実相を求むれば眼中の埃《あい》
老僧が舎利、天地を包む
空山《くうざん》に向かって冷灰《れいかい》を撥《あば》くこと莫《な》かれ
（仏様といおうと迷っている人といおうと同じように幻にすぎない。何か少しでも真実となるものを求めようと思っても、そんなものは目の中にたまった埃のようなもの。私の骨はこの天地いっぱいにある。焼いた後の灰をかき回して骨を拾うようなことをしてくれるな)

良寛さんは遺言として「形見とて何か残さん 春は花 夏ほととぎす 秋はもみぢ葉」という歌を残しました。「春に花が咲いたら、夏にほととぎすが鳴いたら、秋に木の葉が紅葉したら、それが私の形見だと思ってほしい」という歌ですが、仏光国師は「自分の骨はちっぽけなものではなく、この天地いっぱいを包んでいるのだから、骨を拾うようなことをするな」と言いました。

この遺言のために円覚寺には長いこと仏光国師の墓がありませんでした。お墓を造ったのは孫弟子にあたる夢窓国師（夢窓疎石）です。しかし、そのお墓には仏光国師の名前はありません。自然石一つを置いただけです。夢窓国師のお心というのは「老僧が舎利天地を包む」という言葉を、どこにも名前を刻まず何も手を加えない自然石ひとつで表されたというところにあるのではないかと私は思っています。

怪《あや》しむこと莫《なか》れ、当路の筍《たかんな》を除かざることを。要す、君が此に来たって立つこと須臾《しゅゆ》

なからんことを。

（道の真ん中に出た筍を取らないで置いておくけれど、不思議に思わないでいてほしい。あなたがここに来て、少しの間でも立ち止まってほしいのだ）

円覚寺の中に禅問答を行っている一撃亭《いっきゃくてい》という建物があります。この名前は、中国のある禅僧が悟れずに修行を続けていたとき、竹やぶに落葉を捨てたところ、その中にあった石が竹に当たってカチンと音を立てたのを聞いて、一瞬にして悟ったという故事に由来します。この一撃亭には、小さな竹がたくさんあります。すると当然、季節になると筍が生えて出てきます。

筍はいろいろな場所に生えてきますから、時には道の真ん中に出てくることもあります。でも、道の真ん中に筍が出てきたのを取らないで置いておく。それはあなたと別れるのが惜しくて、少しでもここに立ち止まってほしいからだ、という細やかな情を歌っています。日本に来る前に中国で仲間と別れるときにもお互い手を握り合っていつまでも別れを惜しむという詩を作っているように、仏光国師にはとても情の細やかなところがあります。

次は虎を詠《うた》った詩です。この詩は先にあげた「臨剣の頌」とともに朝比奈宗源老師がよく触れておられた詩です。

独坐す枯木巌《こぼくがん》
一嘯《いっしょう》すれば風悄々《しょうしょう》
衆生界未だ空《くう》ぜず
我が心終《つい》に飽かず

(虎が枯れ木の岩の上にどんと坐っている。虎が一吼《ほ》えすると風が吹いていく。生きとし生けるものはまだなくなってはいない限り、自分の心も満足はしない。)

『碧巌録』という禅の書物に「龍吟ずれば雲起こり、虎嘯《うそぶ》けば風生ず」という言葉がありますが、虎が「うおー」と吼えると風がすーっと吹いていく。「衆生界」というのは、「この世の生きとし生けるもの」。それはまだ空にはなっていない。そして、自分の心も満足はしない。つまり、この世の生き物を全部食べ尽くすまで、自分は満腹にはならないのだ、と。これは虎の心境を詠んだ詩です。

仏光国師は自らの思いを虎に託してこの詩を詠みました。では、その思いとはどういうものだったのかといえば、「生きとし生けるものの悩み苦しみが尽きてなくならないうちは私の願いも終わることはない」ということ、つまり「人々を救いたい」という願いが永遠なるものだということを表しているのです。どこかで苦しんでいる人がいる限り、自分だけが安閑として悟りの世界に住することはないということを詠った詩なのです。仏光国師の人々に向けるまなざしがいかようなものであったのかがよく感じられます。これを朝比奈宗源老師も大変お好みになられました。

次にあげるのは詩ではありませんが、仏光国師の語録の中から、一番よくその人となりを表す言葉は何かと問われれば、私はこの言葉を選びたいと思います。

若し頻りに涙を下らしめば、滄海《そうかい》も也《ま》た須らく枯るべし。

（海の水がなくなってしまうほど涙を流しても足りないぐらいだ）

仏光国師は情に厚く、心の温かい人であったのです。それがこの言葉によく表れています。人々の悲しみや苦しみがなくなるまで私の涙が消えてなくなることはない。それは衆生の悲しみや苦しみを我がことのように思うからです。仏光国師が幼い頃の話ですが、鳥や獣が料理されるのを見ると自分の身が切られるように痛がったといいます。これが仏光国師の人々に向けるまなざしの基本となったのでしょう。

円覚寺開山の仏光国師には「泣き開山」というあだ名があります。ご命日の十月三日には円覚寺一山をあげて大行事を執り行いますが、毎年必ず雨が降るという言い伝えがあります。そう言われてみれば確かに、開山忌には必ずと言っていいほどどこかで雨が降ります。「それはご開山様が情にもろい人だったからだ」と言われて、「泣き開山」というあだ名がついたのです。

その雨を見ながら、「ああ、ご開山様の涙であるな。今の世の中を見て、こうして涙を流していらっしゃるのであろう。これを忘れてはいけないな」と毎年、私は思っています。

◉円覚寺開創の根底にある「怨親平等」の精神

この項の最後に、円覚寺開創の精神を表す言葉をご紹介いたしましょう。弘安四年の元寇の際には、日本兵も元の兵士も前線に駆り出された南宋の人たちも大勢亡くなりました。南宋の人たちは仏光国師にしてみれば祖国の人たちです。我が祖国が元に滅ぼされ、その人たちが敵兵となって日本に襲来してきたのです。

ですから仏光国師にとっては死者に敵も味方もなかったのでしょう。こういう言葉を残していいます。これは仏光国師の語録を集めた『佛光録』巻四に収められた言葉です。

此軍及び他軍、戦死と溺水と、萬衆無帰《ばんしゅうむき》の魂、唯願わくば速《すみや》かに救抜《きゅうばつ》して、皆苦海を超ゆることを得、法界了《つい》に差無く、怨親悉《おんしんことごと》く平等ならんことを。

（こちらの国の人もあちらの国の人も、戦死した者も水に溺れた者も、すべて帰るところのない魂である。そういう人たちの御霊を速やかに救って、皆を苦しみの海から引き上げてやりたい。仏法の世界には敵味方の違いはない。恨みや親しみに関係なく、すべてが平等であることを願うのである）

「帰るところのない魂」といったとき、仏光国師の頭にはおそらく南宋のことがあったと思います。帰ろうにも帰る祖国はすでにない。その無念の思いをこの言葉に表したのでしょう。そういう人たちの御霊《みたま》を救ってあげたい。人間の命には敵も味方もありはしない。敵と味方に分かれるのは一時のことで、終わりは平等である。これは仏教の空の思想です。こういう考えに立って、仏光国師は両軍の兵士を弔うために円覚寺を開創したのです。

「怨親平等」というのはもともと仏法にある教えです。今も世界では恨みと恨みをぶつけ合うような争いが続いていますが、いくら争っても何もよいことは生まれないでしょう。元寇の際には、壱岐対馬の住人が元の兵隊に虐殺されました。しかし、戦が終われば敵味方なく平等に供養をするというのが「怨親平等」という教えです。

この思想を忠実に受け継いだのが後で述べる夢窓国師です。この方は仏光国師のお弟子の仏国禅師（高峰顕日）のお弟子さんです。円覚寺の第十五代目住持をお務めになって、鎌倉幕府の滅亡とともに円覚寺や建長寺も滅ぼされるかというときに守ってくださったのです。

◉大きな人物になるためにはしっかりと根を張らなくてはいけない

仏光国師の坐禅のいちばん根本にあったのは、無がわかったと自分だけが悟って満足するというものではなかったというのです。宮沢賢治が「世界全体が幸せにならないうちには個人の幸せはありえない」というようなことを言っていたと思いますが、仏光国師も世界全体が悟りを開かないうちには自分の悟りはありえないと考えていたのでしょう。また、そこまで視野が広がっていくというのが本当の無という意味だろうと思います。無というのは無限ですから、決して自分だけがどうこうという問題ではないのです。

それゆえに、老いた母を見ると世話しなければいけないと、ひとまず修行を置いて一緒に暮らす。国が困っているのを見ると、自分の身を投げ出してもなんとかしようとする。若き執権・時宗公が悩んでいるのを見ると、なんとか支えてあげなければいけないと思う。「無とは慈悲心である」という言葉がありますが、そういう慈悲心に目覚めたのです。そして、常に慈悲心を持って生きるというのが、仏光国師にとっての生きる意味になっていくのです。

そうなってから仏光国師には、おそらく自分自身の問題で煩い悩むようなことはほとんどなくなって、望まれるままに身を捧げていったのではないかと思います。そして最後は、異国の日本にひとすくいの灰を添えるだけだという、このどこまでも謙虚な姿勢は素晴らしいと思います。

夢窓国師が書いていますが、元寇の戦いがあるまで禅宗はお経を読まなかったそうです。禅宗は坐禅をする宗派で、お経は読まないのだ、と。しかし元寇のときに時宗公や天皇家から全国の神社仏閣に祈禱のお触れが出て禅宗もお経を読むようになったというのです。元寇というのは、日本にとってまさに国の命運を懸けた戦いであったということでしょう。日本が生き残るか滅び去るかという戦いであったのです。それに打ち勝つために、神社仏閣、宗教者も武士たちも、気持ちをひとつにしていったのです。

そのときに仏光国師が時宗公を支えたから今日も日本が続いているといっていいのですが、それだけの大きなことをしても何ひとつ誇ることがありませんでした。なんとも奥ゆかしく、味わい深い方です。

私たちが今、仏光国師から学ぶことは何か。ひとつには、根を張ることとの大切さがあると思います。円覚寺には仏光国師お手植えと伝えられる樹齢七百年の柏槇の大木がありますが、大木は枝が張る分、根がしっかりしています。それはまさに仏光国師の生き方に通ずるように思います。先に見てきたように、仏光国師が初めてお寺の住職になったのは四十三歳でした。それまでは全く知られずに下積みの時代を送っていました。十六歳からの五年間、無の一字で坐禅を続けていたというのは、まさしく根を張ることです。二十九歳から三十六歳まで世の中に出ずに母親を孝養していたというのもそうです。そうやって四十を過ぎてから世に出られたのです。

木というものは、根を張った分だけ枝が伸びます。必ず枝が伸びているところまで根が張っています。それゆえに揺るぎないものになるのです。派手ではないけれど、根が張らないと枝が伸びることはできません。それは私たちも同じはずです。そのような生き方を仏光国師から学びたいと思うのです。

第二講

夢窓疎石——世界を自分の寺とする

夢のお告げから禅の道へ。鎌倉末期・南北朝の戦乱の時代に世の平和を願い続け、北条家、後醍醐天皇、足利家の帰依を受けて禅宗を守り通した。

◉夢に出てきた達磨の掛け軸が機縁となって禅宗を志す

今回は夢窓国師（一二七五～一三五一）についてお話ししていきたいと思います。夢窓国師という方は天龍寺船（南北朝の争いで亡くなった人たちを弔うために、創建することになった天龍寺の造営費を確保するために、室町幕府が許可をして元に派遣された貿易船。足利直義が夢窓国師に相談をして派遣が決まった）の派遣と、数多くの寺の作庭をしたことで知られています。

仏光国師（無学祖元）の教えを受け継ぐ仏光派といわれる人たちが鎌倉から室町時代にかけて禅宗の中心になっていきますが、仏光派が中心になっていったひとつのきっかけとなったのが、北条家、後醍醐天皇、足利尊氏らの帰依を受けた夢窓国師の存在でした。

夢窓国師は仏国国師について修行をしています。この仏国国師は仏光国師の弟子で、高峰顕日《こうほうけんにち》という名です。非常に優れた人で仏光国師に悟りを認められたのですが、鎌倉の大きなお寺に入ることを嫌って、栃木県の那須（今の栃木県大田原市）に雲巌寺という寺を建て、生涯そこに籠ってほとんど世に出ませんでした。

この雲巌寺というお寺は、今我々が行くにしても大変な山奥にあります。仏国国師は、そんな不便な場所に隠棲をしたのです。その仏国国師に夢窓国師は二十九歳のときに参じています。まずはそのあたりに至るまでの経緯をお話ししてみましょう。

年譜を追ってお話ししますと、夢窓国師は一二七五年に三重県の伊勢で生まれています。一二七五年というのは、一度目の元寇である文永の役の明くる年です。そして四歳のときに山梨に移ります。山梨に移った理由は定かではありませんが、一家に何かしらの転居を余儀なくされた事情が生じたようです。

この山梨と夢窓国師は非常に縁が深く、移った年にお母さんが亡くなり、九歳のときに平塩山寺という天台宗のお寺で出家をされます。

十八歳のとき、東大寺で受戒。奈良時代以来、正式なお坊さんになるには、多くの人が東大寺で戒律を受けていました。その翌年、講師の死という出来事に遭遇します。講師というのは、夢窓国師に仏教学を講義していた和尚さんですが、名前はわかっていません。『夢窓国師語録』に当時の修行の様子が描かれています。

永仁元年癸巳、師十九歳

密教を学び兼ねて台講を聴く。其の講師病を得て忙然として死す。師は見て忍びず。

密教は真言宗、台講は天台宗です。十九歳のときに仏教学の講義を聴いたということです。その先生が病気になって、茫然《ぼうぜん》自失《じしつ》になって亡くなってしまった。その死に様が悲惨だったのでしょう。見るに忍びなかった、と書いています。

以謂《おもえ》らく、仏法多途なれども其の所趣《しょしゅ》を繹《たず》ぬるに、要は塵《じん》を出《いで》て道《どう》を得るに在るのみ。吾が此の講師平生《へいぜい》多聞《たもん》博学なり。然れども生死《しょうじ》の頃に臨んで一字も亦用不著《またゆうふじゃく》。

（自分の思うところでは、仏法は真言宗とか天台宗とかいろいろあるけれども、その目指すところは煩悩の世界を出て仏道を会得するにあるだけだ。私の先生は普段は仏教学についての知識が非常に深かった。しかし、いざ死に臨むとなると狼狽して、仏教学の知識が一文字も役に立たなかった）

夢窓国師は仏教学の知識が実際の死に対して、なんら役立たないということを目の当たりにしたわけです。

乃《すなわ》ち知んぬ、仏法は義学機智《ぎがくきち》の能く詣《いた》る所に非ざることを。禅は教外別伝と云う。豈《あ》に所以有るをや。

（それによってわかった。仏法は学問を学んで至るところではないということが。禅宗と

いうのは教外別伝といって教えや文字の他に伝えることがあるという。これにはきっと訳があるはずである）

あれだけ学んでいたのに、死ぬときに学問が何の役にも立っていない。結局、経典や書物を読むだけでは、先生の域を超えることができないということを知り、教えや文字以外に伝えるものがあるという禅に気持ちが惹かれていくのです。

しかし、禅に気持ちは惹かれているものの、まだ自分で確信は得られていない。そこで夢窓国師は百日間の願をかけるのです。仏様の前に願をかけて、ひたすら祈って仏様のお告げを待った。こういうところはあまり禅宗的ではないのですが、そのように仏様に祈ったところ、その百日がまさに終わろうとした頃に夢を見ました。

その夢の世界で夢窓国師は禅宗の寺に連れて行かれました。そして、そこで会ったお坊さんが掛け軸をくれた。その掛け軸を広げてみると、達磨さんの絵が描いてありました。それを見て、はっと目が覚めた。そのとき「ああ、自分はやはり禅宗に深い縁があるんだ」と思ったというのです。

この夢の体験によって、天台宗や真言宗の学問的なことをやるよりも禅を求めようというふうに思ったわけです。

◉京都の建仁寺の修行道場に入り、ひたすら坐禅を続ける

夢窓国師は二十歳のときに上洛し、修行のために京都にある建仁寺に行きます。この京都行きは、そもそも和歌山の由良にある興国寺に修行に行こうと思ったことがきっかけだったようです。誠拙禅師の項で詳しくお話ししますが、由良の興国寺というのは法燈国師《ほっとうこくし》（心地覚心《しんちかくしん》）という方が開いたお寺です。

夢窓国師は、前半生と後半生で別人格ではないかと疑うくらい人格がガラッと変わっています。五十歳になるまではお師匠さんの仏国国師のように京都や鎌倉を避けて、山に住むことを好みました。「烟霞《えんか》の痼疾《こしつ》あり」といわれていますが、仙人のような暮らしをしたいという気持ちを強く持っていたようです。

由良に行きたいと思ったのもその理由からです。由良というのは今でも辺鄙なところですから当時はさぞやと思われますが、京都や鎌倉の大きな寺ではなく、そういう僻地にある興国寺へ修行に行こうと考えていたのです。

それについて『夢窓国師語録』は次のように書いています。

二年甲午

師由良和尚（開無門の嗣）に参ぜんと欲し、路を京洛《けいらく》に借り、故人徳照《とくしょう》禅人なる者に逢う。

（法燈国師に参禅しようとして京に向かったところ、京都を通り過ぎたところで旧知の徳照禅人にばったり出会った）

「故人」というのは死んだ人ではなくて、「知り合い」。徳照という知人が「禅人」とあるように禅宗の修行をしていたわけです。

師に謂《い》って曰く、禅和子《ぜんなす》、当《まさ》に叢林《そうりん》に在って其の規矩《きく》を学ぶべし。然して後に深山巌《しんざんがん》崖《がい》の仏法を訪問せんも亦《また》妨げず。

（徳照は国師にこう言った。「まず修行道場でしっかり規則を学んで、その後で深い山の奥にある寺に行くほうがいいのではないか、と」）

この「禅和子」というのは「禅宗のお坊さん」の意味です。ここでは夢窓国師に対する呼びかけになっています。「叢林」は修行道場。なぜ修行道場を叢林というかというと、木というのは一本しか生えていないといろんなところに枝が伸びてしまい、まっすぐ育ちません。しかし、群生しているとそれぞれが上へ上へと伸びていきます。これを道場に譬えているのです。

この人が夢窓国師に「まずはちゃんとした修行道場に行って道場の生活の規則を学んだほうがいいのではないか」と忠告したわけです。そうした基本を身につけてから由良の興国寺のような深い山の奥にある寺に行ったっていいじゃないか、と。夢窓国師は最初から由良の興国寺に行って修行しようと思っていたけれども、この忠告を聞いて方針転換をするのです。

蓋《けだ》し、当時由良の未だ叢林と成らざるを以てなり。師其の教に依って先ず建仁の無隠《むいん》範《はん》禅師を礼して、服を易《か》えて参堂す。

（その当時の由良の興国寺は修行道場と言えるほどではなかったので、夢窓国師は徳照禅人の教えに従ってまず京都の建仁寺に行き、無隠範禅師という人について宗派を禅宗に改めて修行をした）

ここにある「服を易えて」というのは、それまで天台か真言であった宗派を禅宗に改めたということです。これが二十歳のときです。夢窓国師の入った京都の建仁寺は栄西禅師が開いた京都一番の禅寺で、大勢の修行僧たちが集まっていました。道元禅師も最初中国に行く前には建仁寺に行かれています。

且《か》つ往夢《おうむ》を追尋《ついじん》するを以ての故に、疎石を以て自ら名づけ、夢窓と号す。大小の柚《ちゅう》解《かい》を除く外《ほか》は単位を離れず。

このときに疎石と自ら名づけ、夢窓という号を名乗るようになります。変わった名前ですが、この名は夢に疎山と石頭に出会ったことによります。「大小の抽解」の「大小」は大便と小便、「抽解」は坐禅の間の手洗いに行ったりする時間。「単位」は坐禅をする場所ですから、お手洗いに行く以外は坐禅をする布団から離れなかったということ。それぐらい一所懸命に坐禅をしたのです。それが二十歳の頃です。

◉師・仏国国師の言葉を生涯守り通す

二十一歳のときに夢窓国師は鎌倉にやってきて修行をします。そこで仏光国師に悟りを許された仏国国師という傑出した人が那須に隠棲しているという噂を耳にするのです。それで二十六歳のとき那須雲巌寺を訪ねるのですが、このとき仏国国師は不在で、会うことはできませんでした。

しかし、二十九歳のとき、念願かなって鎌倉の萬壽寺で仏国国師に参禅することができました。仏国国師は最後まで円覚寺には入ることはなかったのですが、鎌倉の萬壽寺というお寺（このお寺は今はありません）に入ってくださっていたのです。そこで運よく夢窓国師は仏国国師に出会うことができたのです。

三十一歳のとき、夢窓国師は行脚して常陸国の臼庭《うすば》（現在の茨城県北茨城市）まで辿り着いたときに、比佐居士という在家の人の接待を受けます。比佐居士という人は仏教に対する信仰の非常に篤い人であって、夢窓国師の評判を聞いていました。

夢窓国師はまだ修行中であったにもかかわらず、二十歳の頃から優れた人だと評判だったというのです。鎌倉の建長寺にいたときにも、一山国師という中国から渡来した立派な方が漢詩の試験をしたところ、夢窓国師が見事な漢詩を作ったものだから、「日本人でもこんな優れた詩を作る人がいるのか」と感嘆したというぐらいです。よほどの俊英というのか秀才というのか、後に五山文学といって禅僧が漢詩文を作ることが流行するのですが、夢窓国師はすば抜けて漢詩文が上手だったようです。

それでこの比佐居士という在家の人も夢窓国師の名前を知っていて、その人が常陸にやってきたというので非常に喜んで、「どちらに行かれるのですか。私のところに小さな庵があります。静かなところですから、どうかここに留まってください。身の回りのことは私がお世話いたしますから」と出迎えるのです。

しかし夢窓国師は、「いや、私はまだ修行の途中でこれから再び那須に行って仏国国師について参禅して自らの疑問を明らかにしたいのです。ですからここにずっといようという気はないのです」と言って、一度は比佐居士の申し出を断ります。ところが、その日の夕方、突然その考えを撤回するのです。というのは、そのとき夢窓国師は仏国国師が前回別れるときに言った言葉を思い出すのです。それが次の言葉です。

学道の人世《ひとせ》出世《しゅっせ》に於いて毫釐《ごうり》も挟む所有らば悟入《ごにゅう》すること能わず。

ここに「世出世」という言葉が出てきます。出世というと今は会社で偉くなるような意味で使いますが、もともとは仏教の言葉で第一義としては出世間＝仏門に入るの義から仏道修行をしていた人がしかるべきお寺に入って人々を導いていく立場になっていくことを言いました。

つまり仏国国師は、鎌倉でいえば円覚寺とか建長寺のような大きなお寺に招かれて人々の指導をしていくような立場になりたいという気持ちがほんのわずかでもあるとすれば悟ることはできない、そんな気持ちがほんのわずかもない人が招かれて出て行くというようでなければならない、と夢窓国師に言ったのです。

夢窓国師は終生この言葉を貫いたところがあります。後に京都に行って、南禅寺にお入りになったり天龍寺を開いたりと大活躍をしますが、毛筋ほども私利私欲がありませんでした。自分の名利というのか、よく思われたいというようなものがひとつもなかったのです。

しかし、常陸に至ったときに自分の修行を省みた夢窓国師は、「**一向に仏法の中に於いて頭《こうべ》を膠盆《こうぼん》に刺す。所以に大解脱を得ざるのみ**」と自戒しています。まだ仏法についてはっきりしていない、まだ自分の悟りは十分ではない、というのです。「頭を膠盆に刺す」というのは面白い表現ですが、頭を膠《にかわ》の中に入れたようなもので何も見えていない、という意味です。膠というのは動物の骨や皮や腱をぐつぐつ煮て作った糊のようなもので、黒い色をしていて漆に似ています。

このように思い至った夢窓国師は、「先ほど仏国国師のところへ行くと言いましたが、あなたのお勧めに従って、しばらくここに留まります」と告げます。すると比佐居士は非常に喜んで世話をしてくれ、比佐居士の提供してくれた庵に暮らして、坐禅修行をすることになったのです。

◉仏国国師から印可を受ける

二月から比佐居士の庵に滞在し三か月、五月末に大きな変化が起こります。それについて触れたのが、次の一節です。

五月の末に至り、一日庭前《いちじつていぜん》の樹下《じゅか》に涼を納《い》れて坐す。覚えず夜深けて困《こん》を帯びて庵に入る。当に床に上るべきに臨んで、牆壁《しょうへき》無き処を誤って牆壁と認め身を靠《よ》せんと欲し喫顛《きってん》するの頃《とき》、覚えず失笑す。

夢窓国師はほとんど横にならずに修行していたわけですが、このとき庭の木の下で涼んで坐っているといつの間にか夜更けになって、疲れて庵の中に入りました。おそらく、いつも横にはならないで壁にもたれかかって坐ったまま休んでいたのでしょう。壁があるつもりで体を寄せかけたら、そこに壁はなくてひっくり返り、思わず苦笑いをしました。そのときにはっと気がついた。すなわち大悟するのです。

このとき夢窓国師は一篇の詩を詠みます。夢窓国師の詩というのはわりに難しいのですが、解釈してみましょう。

多年地を掘って晴天を覓《もと》む
添い得たり、重々礙膺《げよう》の物
一夜暗中に碌甎《ろくせん》を颺《かか》げ
等間《なおざり》に撃砕《きゃくさい》す　虚空の骨

「多年地を掘って晴天を覓《もと》む」とは、長い間、青空を求めながら地面を掘り続けていた、ということ。青空が見たいというのに地面を掘り続けていたというのは、要するに勘違いをしていたわけです。

「添い得たり、重々礙膺《げよう》の物」の「礙膺」とは自分の胸につっかえるもののこと。今まで仏教を学んで坐禅をしてきたけれども、いくつもいくつも自分の胸に引っかかるもの、とらわれるものばかりが増えていった。しかし、それがぱっと抜け落ちた。はっと気がついたわけです。これは仏光国師が板木の叩かれる音を聞いて今までのとらわれが抜け落ちたというのと同じです。

「一夜暗中に碌甎《ろくせん》を颺《かか》げ　等間《なおざり》に撃砕《きゃくさい》す　虚空の骨」。夜の暗闇に「碌甎」瓦のかけらを投げた。「虚空」というのは大宇宙、広い空間で骨のような実体のあるものはないのですが、それまでは実体があると思っていたわけです。ところが、瓦のかけらを投げて実体があると思っていたものが撃砕されてしまうと、そこには広々とした青空があったということに気がついた。

　青空は初めからずっとそこにあるのですが、それに気がつかずに今までは深い迷いの中で穴ばかり掘っていた。でも、とらわれが消えてようやく青空が広がっていることに気がついたというのです。これが三十一歳のときの体験です。

　その後、仏国国師が鎌倉の浄智寺に出てくるという噂を聞いて、夢窓国師は仏国国師を訪ねます。そこで問答をして自分の悟りを認めてもらう。すなわち印可を受けるのです。先に触れたように、夢窓国師は二十六歳のときに鎌倉萬壽寺で仏国国師に参禅するのですが、仏国国師はすぐに那須に帰ってしまいました。鎌倉にとどまるのが嫌だったのです。時の将軍に招かれて断り切れずにやって来たものの、鎌倉に来てはすぐに帰ってしまうということを繰り返しています。あくまで自分としては本拠を那須に構えたいわけです。

　それで夢窓国師は仏国国師を追いかけていくのですが、今のように情報網が発達していない時代ですから、鎌倉にいるのか那須にいるのかはっきりわからず、すれ違いになることが何度もありました。そういう中、また仏国国師が鎌倉に来たと聞いて、もう一遍会いに行ったわけです。そして印可を受けて悟りが認められたのです。

東大寺で天台・真言の学問を学びながら、その講師の先生の死に様の姿を見て、「これではいけない。禅に参じなければ」と思って京都の建仁寺に行き、それから鎌倉に来て一山国師という方について修行をするうちに仏国国師の噂を聞いて那須に行く。前後しながらその途中で常陸にいて、ない壁にもたれようとした瞬間に大悟をした。こういう大悟の体験はあまり元気なときにはしないもので、意識朦朧《もうろう》というようなときにくるのです。ですから、そういうところまで自分を追い込むというのが一番大事です。これは何の修行でも一緒だと思います。

このようにして仏国国師の印可を受けて、夢窓国師は悟りの経験という禅僧としての修行の基盤を築くことができたのです。

◉山を垣根とし、海を庭として暮らす

そのあと三十歳から五十歳まで、お師匠さんの仏国国師に倣《なら》うが如く、夢窓国師は各地を行脚しています。

まず三十一歳のときに甲斐に帰り、浄居寺というお寺を開創します。三十七歳のときには山梨の塩山（かつての塩山市、現在は甲州市）という場所に庵を構えます。三十九歳

になると美濃の虎渓（現在の岐阜県多治見市）に移ります。ここには今でも修行道場になっている虎渓山というところがありますが、そこで庵住まいをしています。それで四十三歳のときに京都の北山に隠れ住みます。

そのように各地を転々としているわけですが、どこにいても夢窓国師という方は非常に評判がいいものですから、自然と人が集まってくる。それで四十四歳のときには土佐まで逃げていきます。

こうして土佐に隠れていたところ、四十五歳のときに北条貞時公の後室・覚海夫人の請に応じて鎌倉に戻り、勝栄寺に寓居することになりました。このときの執権は北条高時公、鎌倉幕府最後の将軍です。貞時公はその父親に当たります。そして貞時公の父親が時宗公です。時宗公、貞時公、高時公と続いて、高時公で鎌倉幕府は滅亡するわけです。

その高時公が執権のときに、貞時公の奥さんである覚海夫人、つまり高時公の母親が夢窓国師を鎌倉に招くのです。そのときのいきさつが『夢窓国師語録』に残されています。

四月覚海《かっかい》夫人、使を土佐に遣わして師に逼《せま》って起《た》たしめんとす。夫人固く使者に嘱

して云《いわ》く、若し師が起たずんば、汝に賜《い》う、帰ること莫れと。

どうも夢窓国師が土佐に隠れているらしいという噂を聞いて、覚海夫人が使者を遣わしたわけです。そのときに、覚海夫人が使者に言いました。「夢窓国師が来るまで、お前は帰るな」と。

使は已に境に入る。師先に身を海島《かいとう》の間《かん》に潜む。使者命を知州に伝えて官使《つかわ》を差して倶《とも》に来たって戸ごとに暁《さと》し、家ごとに諭《さと》して曰く、若し師を隠す者有らば罪に坐《おち》んと。

使者はいよいよ土佐に入りました。夢窓国師はどこかに隠れていたようです。それで、使者は知州という今でいえば知事のような役人に命じます。「役人を遣わして、一軒ごとに探せ。夢窓国師を匿《かくま》っている者がいたら罪にする」と。

是れに由《よ》って師亦千方百計《しまたせんぽうひゃっけい》、東に迴《さ》け西に避くるも、終に得べからず。師曰く、業《ごう》債《さい》逃れ難しと。遂に其の請《しょう》に赴く。

使者の命に従って役人がしらみつぶしに探すのをなんとか逃げ回ったけれども、もうこれ以上逃げようがないというところまで追いつめられます。そこに至って夢窓国師は「これは自分の宿業なのだ、逃れることはできない」と言って、覚海夫人の要請を受諾します。自分としてはあくまで山林の中で静かに過ごしたいと思ったけれど、仕方がないと諦めたわけです。そして四十五歳で鎌倉にやってきて、勝栄寺というお寺（今は存在しません）に居候をして、覚海夫人に教えを授けたのです。

また、同じ年に横須賀の泊船庵を建てて、ここに四年暮らします。この場所は今、米軍の海軍基地になっています。かつては入るにはパスポートが必要でしたが、近年は事前に許可を得れば入れるようになりました。それで我々も毎年うかがっています。横須賀の港の小高い丘の上で、夢窓国師が四十五歳から四十九歳まで四年間住んでいたという庵の跡が残っています。そこに円覚寺で石碑を建てさせてもらっています。

その頃、那須の雲巌寺に仏国国師の後にお入りください、という話があったようです。しかし、これを遠慮して、横須賀に庵を建てて暮らすのです。

この横須賀の庵で詠んだ漢詩があります。非常にいい詩です。

一把《いっぱ》の茅茨《ぼうし》天宇《てんう》闊《ひろ》し

山を籬落《りらく》と為し海を庭と為す
菴中《あんちゅう》の消息、囊蓋《のうがい》無し
来たる者は猶言う、竹扃《ちくけい》を掩《おお》うと

（この広い天地の中で侘び住まいをしている。山を垣根とし、眼前に広がる海を庭とする。こんな庵の中で住んでいるというのは、何も束縛するものがない自由な心境である。ここにやってきた者は、私が庵の中に閉じこもっているように言うけれども、閉じこもっているつもりはない。この広い宇宙の真ん中に住んでいるのだ）

土佐の地も眼前は海でした。また、富士山の見える場所にも長く住んでいました。そうした体験から、夢窓国師は、「山を垣根とし、海を庭とする」という非常に雄大な着想を得たように感じます。

◉万人の平和を願い「塔を建てる」

四十七歳のとき、夢窓国師は横須賀の庵に塔を建てました。この塔を建てるというのが、夢窓国師の晩年に至るまでの大きなテーマになりました。

元亨元年辛酉　師四十七歳
泊船庵《はくせんあん》の後の山巓《さんてん》、陡然《とうぜん》として海中に在り。師其の上に於いて一塔を建て、海印浮図《かいいんふと》を以て額《がく》と為す。

これは一体どういうことなのかというと、その心境が次に書かれています。

師の心に設《おも》うこと蓋し舟船《しゅうせん》往来の人皆仰観《ぎょうかん》することを得、乃至《ないし》海中の鱗介《りんかい》の類《るい》、塔《とう》影《えい》の下に遊泳する者並に華蔵海印三昧《けぞうかいいんさんまい》の中に縁を結び得んことを欲してなり。

（夢窓国師はこう考えていた。「こういう場所に塔を建てれば、船で往来する人たちが皆見ることができる。塔の影が海に映っている、その下を泳いでいる魚たちも仏法と縁を結ぶことができるであろう」）

仏塔というのは遠い場所からも見ることができますから、灯台のように方向の目印になるという意味もありますけれども、それだけではなくて、塔を見ると信仰心というものが起きる。しかも夢窓国師の素晴らしいのは、海の中に住んでいる魚ですら仏法と縁を結ぶことができると考えているところです。非常に慈悲深い考え方です。

この気持ちから、最晩年には日本全国に塔（これを「利生塔」といいます）を建てるという事業を始めるのです。現実には夢窓国師の意を受けて足利尊氏と弟の直義の二人が全国に塔を建てていくのですが、ここに込められているのは平和の願いです。仏法に対して縁のない人たちにも穏やかな心、仏心を起こしてもらおうという願いから塔を建てていくのです。

その兆しが、横須賀に塔を建てた四十七歳のときにすでに見えています。しかし、この時点では、まだ夢窓国師は何の位もない庵住まいの一介の僧に過ぎませんでした。

◉五十五歳、ついに円覚寺に入る

このようにして横須賀に四年いて四十九歳になり、次に上総の国にある千町（現在の千葉県夷隅《いすみ》町）に庵を建てて、そこに二年住みます。ここには私はまだ行ったことがないのですが、今でも夢窓国師がいたという言い伝えのある洞窟が残っています。写真でしか見たことがありませんが、山深いところです。その洞窟には名前が彫ってあるらしいのですが、そこに退耕庵という庵を建てて二年ほど隠れています。四十九歳から五十一歳までです。

五十一歳になるまで、夢窓国師は権力者に近づくことから逃げていました。高時公の母と高時公に招かれて鎌倉に来てはいますが、円覚寺や建長寺には入らずに横須賀の庵に侘び住まいをする。そこにもまた人が大勢来るというので、さらに辺鄙《へんぴ》な上総の国の山奥の洞窟みたいなところに隠れるのです。

ところが、五十一歳になると、夢窓国師はがらっと変わっていきます。なぜ変わったのか。その語録の中には、「代々の祖師方がまだ成し得ていない大きな問題が残っている」と書いてあります。その「大きな問題」とは何かといえば、人々を救っていくという願いです。これを実践しなければいけないという気持ちが芽生えてくるのです。これが転機となったわけです。

五十一歳のとき、夢窓国師は後醍醐天皇の勅命を受けて上洛し、南禅寺に住し、国師の号を受けます。南禅寺というのは多くの禅寺のひとつのように思うかもしれませんが、亀山上皇のお建てになったお寺で、後に京都五山の上に位置するお寺だといわれるようになります。

ところが、南禅寺に入っても、夢窓国師はじっとしていません。結局、一年で出てしまって、伊勢、熊野を経て鎌倉に帰ってきます。そして五十三歳のときに高時公の招きによって浄智寺に入ります。ここは、鎌倉五山の第四位の格式のあるお寺です。また、この同じ年に鎌倉で瑞泉寺を開創しています。

そしていよいよ五十五歳になって円覚寺に入ります。これも何度も頼まれて何度も断って、もう断り切れなくて仕方なしに入るのです。

この浄智寺に入り、瑞泉寺を開き、円覚寺に入ることになったあたりの事情について、語録には次のように書いてあります。

二年丁卯　師五十三歳

二月平公《へいこう》又浄智を以て固く請《しょう》す。免がるべからざれば、勉強して之に応ず。夏を過して勇退して南芳《なんぼう》に帰る。八月居《きょ》を錦屏山《きんびょうさん》に移して瑞泉蘭若《ずいせんらんにゃ》を建つ。

平公というのは北条家のこと。高時公が浄智寺に入ってほしいと強く要請したので、もう免れようもなく強いてこれに応じました。そして夏を浄智寺で過ごしてから退いて、八月に居を錦屏山に移して瑞泉寺を建てた、とあります。

瑞泉寺の山を上がっていくと遍界一覧亭という夢窓国師がいたとされる場所が今でも残っています。一般の拝観客は行けないのですが、ここからの眺めは素晴らしく、海が見えて、その向こうに富士山が見えます。遍界というのは、世界のすべてを一目で見渡すという意味です。そういうところで坐っていたわけです。

三年戊辰　師五十四歳
師瑞泉に在り。是の歳《とし》観音堂を造る。又絶頂に亭を構えて遍界一覧《へんかいいちらん》と名づく。仍《よ》って偈《げ》を題して曰く、
天尺地を封じて帰休を許す
遠きを致《きわ》め深きを鉤《さぐ》って自由を得たり
此に到って人々眼皮《にんにんがんぴ》綻《ほころ》ぶ
河沙《がしゃ》の風物《ふうぶつ》、我焉《な》んぞ廋《かく》さん

瑞泉寺に遍界一覧亭を造ったことが書かれています。そのときに、夢窓国師は次のような内容の一篇の詩を作りました。

「天がほんのわずかな土地を私に許してくださって、ここで安らかにのんびり暮らさせてもらえる。遠くまで見ることができ、深いところまで極めることができ、私は自由な気持ちである。この景色を見れば、どんな人でもにっこり笑顔になる。この世界に何ひとつ隠すものはなく、皆ありのままに現れている」

明極清拙《みんきせいせつ》同《とも》に賦《ふ》す。皆版《みなばん》に鏤《ほ》って掲《かか》ぐ。
冬元帥円覚を以て請す。赴かず。

明極楚俊とか清拙正澄というのは、いずれも渡来僧です。こういう人たちも一緒にここで詩を作りました。先に触れた五山文学というのはこういう系統から出てくるわけです。

そしてその年の冬、高時公が円覚寺に是非お越しくださいと招いたけれども行かなかったとあります。

さらに二年経ったときの逸話です。

元徳元年己巳　師五十五歳

秋八月円覚の専使又来たって師を請ず。固く辞す。元帥陰《ひそか》に本寺の耆旧《ききゅう》及び師の同門、法眷《ほうけん》、老成の者をして同に勧めて再四に至らしむも、師猶肯《なおうけが》わず。諸の法眷咸《ことごと》く太息《たいそく》して涕《なみだ》を流して曰く、円覚は乃ち吾が仏光師祖開山弘道《こうどう》の場なり。先師克く正統を承けたり。而《しか》るに補処せずして止まば、不幸の大なるなり。

今吾が法門、昆季《こんき》の間《かん》、師に非ずして誰か復た祖風《そふう》を振るわんや。且つ公命屢《しばしば》至るに、堅く之を却《しりぞ》く。師其れ忍棄《にんき》して顧ざれば、吾が祖道竟《つい》に将に如何とかせん。且つ語り且つ泣く。

円覚寺からまた使者が来て「どうかおいでください」と招かれたけれども、夢窓国師は断りました。すると高時公は、幕府の使者だけではなくて、夢窓国師に関係する同門の人や、長老方やお坊さんたち、大勢を集めて再三再四お願いするのですが、首を縦に振らない。そこで縁のあるお坊さんたちはとうとう涙を流して頼みました。

「円覚寺は仏光国師が開いた道場です。あなたは仏光国師の正統を承けている方ではありませんか。それなのに円覚寺に行かないとすれば大変な不幸ですよ。

今、仏法は末法の時代になっています。あなたでなければ誰が一体、仏光国師の教えを再び振るうことができましょうか。何度も幕府から頼まれているのに、あなたはすべてをお断りになる。是非出てください。あなたでなければ円覚寺はだめになってしまいます。師匠のご恩を忘れるんですか」

そう言ってみんな泣いてお願いをした、というのです。

是に於いて師遂に命を受け入院《じゅえん》。

入院というと病院に入ったように思いますが、これは「じゅえん」と読みます。円覚寺にお入りになったということです。

歳歉《としききん》なるを以て明日の飯無し。而れども師慍《いか》る色無し。信士有り、素《もと》より財を海舶に託して、鄞《ぎん》に至って其の利を倍蓰《ばいしょう》せんとする者有り。俄かに自ら翻然《ほんぜん》として曰く、何ぞ之を仏門に帰し以て当々来世の縁を結ばんには若《し》かんと。

乃ち寺に入って三百万銭を施す。是に由って常住の金穀《きんこく》充ち牣《み》つ。然れども師又喜ぶ色無し。識者皆雅量に服す。且つ曰く、師得失利害の間に於いて毫髪《ごうり》も其の念を動じ其の色を変ぜざること、此に於いて見るべしと。

夢窓国師が円覚寺にお入りになったのは鎌倉時代の末期ですから、混迷していたのだろうと思います。もう明日の米もないぐらいであったようです。しかし、夢窓国師は腹を立てるようなことはありませんでした。この方は生涯、感情を表に出さなかったといわれています。

ある信者が船舶業をやっていて、随分お金を儲けていたようです。その人に夢窓国師が、「あなたのお金を仏門に施したならば非常にいい縁が結ばれますよ」と言ったところ、その人は多額なお金をお布施として出しました。三百万銭というのがいくらぐらいなのかはわかりませんが、相当な額でしょう。信者がそれほどの大金を布施に差し出すというのは夢窓国師の徳というものでしょう。

その布施によってお寺は少し潤いましたが、夢窓国師は特に喜ぶでもありませんでした。その様子を見て、みんな夢窓国師の度量の広さに感服したというのです。そして言いました。「思うようにいかなくとも上手くいったとしても、夢窓国師は毛筋程も嬉しいとか嫌だとかいう念を動かさないし顔色を変えないというが、それはここからもよくわかるじゃないか」と。こういう変わらないというところも信用されたのでしょう。

◉鎌倉幕府滅亡後、後醍醐天皇と足利尊氏の帰依を受ける

夢窓国師を鎌倉に招いたのは高時公でした。その北条家の鎌倉幕府が滅んだ後、夢窓国師はどうなさったでしょうか。実は、鎌倉幕府が滅亡する少し前から後醍醐天皇の信認を得るようになっていました。そのあたりの経緯を語録から見ていくことにしましょう。

二年庚午　師五十六歳

師瑞峰を領し居ること二年。百廃具《つぶ》さに挙ぐ。

夢窓国師は望まれて円覚寺に入りましたが、わずか二年しかいませんでした。しかし、その間に円覚寺の廃れていたところをことごとく復興しました。それが「百廃具さに挙ぐ」ということ。修行でも、お説法でも、見事に復興して、五山としての面目を大いに一新させて、また鎌倉を出て山梨に帰ってしまうのです。

円覚寺を出た後、夢窓国師はいったん瑞泉寺に向かいます。たくさんの人が後を追いかけてきましたが、門を閉ざして誰とも面会しようとしませんでした。その後、山梨に引っ込んで、恵林寺というお寺を建てます。

この恵林寺は現在の甲州市塩山小屋敷にあるお寺で、織田信長と武田勝頼が戦っているとき、追い詰められた武田方の兵が逃げ込んだ寺として知られています。織田軍は武田兵の引き渡しを要求しますが、恵林寺の快川和尚はそれを拒否しました。そのため織田軍は、快川和尚をはじめとする僧たちを恵林寺の門の上に追い詰め、下から火を放ちました。そのときに快川和尚が発した偈が有名な「安禅は必ずしも山水を須《もち》いず、心頭滅却すれば火も自ら涼し」です。快川和尚はこの言葉とともに燃え死んだのです。新田義貞などが鎌倉に攻めてきて、高時公をはじめ北条家一族は切腹して果てました。腹切りやぐらという場所が今でも鎌倉にあります。北条一門の者たちがそこに籠って、みな割腹して死んだのです。これによって鎌倉幕府は滅亡し、建武元（一三三四）年、いよいよ後醍醐天皇の建武の新政が始まるのです。そのとき、夢窓国師は六十歳でした。

秋、皇后登霞《とうか》す。上《かみ》師に命じて禁中に留まって供養せしむること二十七日。政《まつりごと》を罷《や》めて問法《もんぽう》したまう。
九月又師を請じて内禁《だいきん》に於いて衣を受け弟子の礼を執りたまう。

同じ年の秋、後醍醐天皇の皇后が亡くなりました。そこで天皇は夢窓国師を招いて供養をしました。その後、再び夢窓国師を招き、後醍醐天皇は弟子の礼をとったとあります。天皇が夢窓国師の弟子となったというわけですから、どれだけ国師を深く信頼をしていたかがうかがえます。

又一日入内《じゅだい》するに、師に謂って曰く、朕深く禅宗を興さんと欲す。師の意如何《いかん》とする

や。奏して曰く、聖言虚しかるべけんや。

上曰く、師を請《しょう》じて南禅に再住して宗乗《しゅうじょう》を挙揚《こよう》せよ。

師は辞するに老病を以てす。

上曰く、仏法の隆替《りゅうたい》は其の人に係《かか》る。若し師固辞せば、朕も亦之を如何《いかん》ともする無くして止まん。師已むを得ずして詔《みことのり》に応じて再住す。


後醍醐天皇は「私は禅宗を盛んにしたいと思うがどうだろうか」と夢窓国師に問います。それに答えて夢窓国師が言うには「陛下のお言葉は決して虚しいことはありません」。つまり、「それがよろしいと思います」と返事をしたのです。

そこで後醍醐天皇は夢窓国師に「もう一度南禅寺に住して、禅宗の教えを大いに広めてほしい」と招請します。しかし、夢窓国師は「自分はもう年をとっていますし、病気ですから」と言ってお断りしました。

それに対して後醍醐天皇は「仏法が盛んになるのも廃れるのも、そのときにどういう人がいるかにかかっている」と言います。「隆」は「栄える」ですが、「替」には「替わる」のほかに「廃れる」という意味もあります。「隆替は其の人に係る」――これは特筆したい、いい言葉です。企業においても同じでしょう。繁栄するか廃れるかは、そのときにいる人にかかっています。

「あなたでなくてはだめなんだ」と後醍醐天皇は言っているのですが、そう言いながらも「もしあなたが断られるのなら自分にはどうすることもできない」と判断を夢窓国師に委ねます。それで仕方なく、夢窓国師は天皇の言葉に従って再び南禅寺に入るのです。

私が注目をしたいのはここからです。あまり一般の人たちには知られていない夢窓国師のエピソードがあります。それはこういうものです。

始め関東亡ぶ時、人皆謂《おも》えり。禅苑《ぜんえん》其れ興らじ。最明寺殿平公《さいみょうじでんへいこう》は世《せせ》禅宗を護る。子孫相継いで其の法を欽奉《きんぽう》せり。天下化して之を奉ず。今平氏已《すで》に滅べり。惟《おも》うに禅宗誰か復た護ることを為《せ》んや。是に至って詔降《くだ》って師を召したまう。禅徒の讙呼《かんこ》の声山林に溢れ、街衢《がいく》に徹す。

最明寺殿平公というのは北条時頼公のことです。北条時頼公、時宗公、貞時公、高時公と北条家は世々代々禅宗を守り、大事にしてきました。そのせいもあって、鎌倉時代は皆、禅宗を大事にしたけれども、その北条家が滅んでしまったので、これから一体誰が禅宗を守るのであろうかという声が起こってきたというのです。

禅宗はもうだめだろうという噂が後醍醐天皇の周りにもあったのでしょう。後醍醐天皇が夢窓国師をお呼びになって、南禅寺に住させたのです。それを見て、「後醍醐天皇が再び夢窓国師を重んじてくださった。ああ、これで禅宗はまだ大丈夫だ」と、禅宗の人たちの喜びの声が山林に溢れるほどであった、と書かれています。

故《いにしえ》の如くにして渝《かわ》らざる者は並《みな》是れ師の力にして能く致すのみ。

大小の禅刹《ぜんさつ》の産業田園幾許《いくばく》というを知らず。

りと。是に由って心倍《ますます》勇健にして以て法を救うを以て自らの責《せき》と為す。

師亦自ら惟《おも》えり。斯れ乃ち護法の善神、先仏の記別を忘れざりき。故に然らしむるな

夢窓国師もますます心を勇ましくして、禅宗を守っていくことを自分の務めだと思うのです。

人々は禅宗が滅びずに残ったのは夢窓国師の力である、と言いました。

是に於いて近臣、帝に勧めて禅宗を廃せんと欲して相訾《あいそし》る者多し。

ところが、京都の人たちはこれを面白く思っていませんでした。鎌倉幕府に対してだけでなく、武家に対しても、よく思っていなかったからです。もう北条家が滅んだのだから、鎌倉幕府に関係するものはお寺も何も一掃したいという思いを抱いていたのでしょう。

中国などでは支配者が代わると前の時代のものを徹底的に破壊します。日本でも代が替わると菩提寺を滅ぼしてしまうということがありました。北条家が滅亡したときにも、後醍醐天皇に「もう禅宗なんてつぶしてしまってはどうですか」と進言する近臣がたくさんいたのでしょう。

帝、斯の言を以て師に語る。師奏して曰く、陛下、若し叔末《しゅくまつ》が正法に同じからざるを以ての故に今の禅侶の古に及ばざるを責めば、豈《あに》独り吾が徒の其の責を得るのみならんや。範金塑泥《はんきんそでい》、刻木彩画の像も亦以て真仏に非ず。黄巻赤軸《こうかんせきじゃく》の文も亦以て真法に非ざるが故に、之を破毀《はき》せば可ならんや。陛下、若し福田《ふくでん》を得んと欲したまわば、只以て剃髪染衣《ていはつぜんね》を僧宝と為せば亦足らん。況んや稠人《ちゅうじん》広衆の中に、禅を修め戒を持つ者有って、仏祖の恵命《えみょう》を続ぐをや。

近臣から言われて後醍醐天皇もさすがに困ったのでしょう。夢窓国師に「どうしたものか」と相談をしました。それに対して、夢窓国師はこう答えました。「確かに今の禅宗は昔のように優れた人たちばかりではないかもしれません。だから、誹る者がいるというのは仕方ないかもしれない。けれども、皆がお釈迦様と同じレベルにないからといって、今のお坊さんを粗末にするようなことがあっていいのでしょうか。お釈迦様そのものでないからといって、その仏像や絵を粗末にしていいのですか。お釈迦様の直接の声ではないからといって、お経に書いた文字を粗末にしていいのでしょうか。そういう道理はないのではないですか。そういうものも粗末にしていいはずはありません。功徳を積みたいと思うのであれば、今のお坊さんを大事にするべきです」と。

大勢のお坊さん方の中には誹りを受けるような人もいたのだろうと思います。禅宗は鎌倉幕府が終わって非常に困窮しておりましたから、そういう中で問題を起こす人もいたのでしょう。禅宗を潰せと言っていた人たちは、それらの問題を起こす一部の人を捉えて糾弾していたのでしょう。

どこの世界でもそうですが、悪い人間は目立ちやすく、ちゃんとしている人は表には出ないものです。そして目立つ者が叩かれるのです。だから、夢窓国師は「問題のある僧侶は一部の者にすぎない。大勢の人の中にはお釈迦様の教えを弘めようとしてちゃんと真面目に修行をしている人もたくさんいるのです」と言ったわけです。
後醍醐天皇は、夢窓国師の言うことは本当かなと思い、禅宗の修行とはどんなものか見てみよう、また禅宗のお寺がどういう規則を保っているのか自分の目で見てみようと考えて、大勢の家臣たちを従えて南禅寺に出向きました。

半夜に上《かみ》親しく巡堂したまう。禅侶坐して枯木の如し。上甚だ之を悦びたまう。

夜中に後醍醐天皇がご自身で南禅寺の坐禅堂や本堂などのお堂を見て回ったところ、禅宗のお坊さんはまるで枯れ木のようにずっと姿勢を正して坐っていた。それを見て後醍醐天皇は非常に喜ばれました。

次の早《あさ》、師に命じて衆の為に入室せしめたまう。又僧堂に入って僧の午斎《ごさい》に赴くを叡《えい》覧《らん》し、以為《おもえ》らく礼楽備われりと。斎罷《や》んで師を請じて陞堂《しんどう》説法せしめ、次に四頭首《しちょうしゅ》に命じて秉拂《ひんぽつ》せしめたまう。龍顔大いに歓んで嗟歎《さたん》すること止まず。此れに由って疑謗斯に蕩《と》け信心益《ますます》深まりぬ。

次の朝に夢窓国師に説法をしてもらった。また修行僧たちが普段寝泊まりしているお堂に入って昼ご飯を食べに行くときに、全員が一列に整列して歩いている様子をご覧になって、「見事な姿である。礼儀作法がきちっとしている」と感心しました。それから夢窓国師に説法させて、非常に喜ばれた。「龍顔」は天皇を称えた言葉です。天皇のお顔は喜びに満ちていたというわけです。

後醍醐天皇は、もともと夢窓国師に対する信頼はあったのですが、あまりにも周りの者が禅宗は駄目だと言うので、ご自分の目で南禅寺に行ってお堂を巡ってみると、その疑いが解けて信心がますます深まりました。こういう出来事があり、鎌倉のお寺もそれ以上滅ぼされることがなかったのです。

しかし、それをもって夢窓国師を批判する人がいます。「忠臣は二君に仕えず」というのが日本の精神ですから、夢窓国師は北条家に大事にされていたのに、それを滅ぼした後醍醐天皇のところに行くのは何事か、というわけです。

ところが建武の新政はわずか数年で終わります。足利尊氏が後醍醐天皇を追いやり、自らが都に入って足利幕府を開きました。すると今度は足利尊氏が夢窓国師を招くのです。尊氏がどうして夢窓国師をそれほど信頼したのか私にもまだはっきりとしたことはわかりません。よほど人物が優れていたのだろうという程度の理由しか思い当たらないのですが、事実として尊氏は夢窓国師を大事にしています。

後醍醐天皇が尊氏に追いやられて吉野に逃げたとき、夢窓国師の立場が危ういと皆が心配したといいます。それはそうでしょう。夢窓国師は後醍醐天皇の信任の厚い方でしたから。しかし、足利尊氏はそんな夢窓国師に敬意を示して教えを受けるのです。そして尊氏の弟の直義が弟子の立場になって夢窓国師にいろんなことを尋ねた記録が『夢中問答』という書物になって残っているほどです。

尊氏は後醍醐天皇を追いやったということであまり評判がよくないかもしれませんが、後醍醐天皇が亡くなったあと、その霊を弔うために天龍寺を建てています。その天龍寺を建てたのは夢窓国師です。これは夢窓国師が六十五歳のときです。

◉世の中から争いがなくなるようにと願った夢窓国師

夢窓国師が世に出た五十一歳以降、世は戦乱続きで人々は争いに翻弄されていました。そこで先にも触れましたが、夢窓国師は最晩年の事業として、この戦乱の世に平和を願いました。そして全国に安国寺と利生塔を建てていきました。利生塔とは、人々を救うための祈りの塔です。それを全国に建てようと祈願するのです。それが六十七歳のときで、その第一番目になったのが清水寺の下のほうに見える八坂の法観寺宝塔、いわゆる八坂の塔です。
夢窓国師の発願文というものがあります。その最初に次のように書かれています。

生々世々《しょうしょうせせ》恩有る者は、我今悉く其れ恩徳に報いん。生々世々怨を結ぶ者は、我今悉く其れ寃讐《おんしゅう》を謝せん。生々世々縁無き者は、我今悉く其れ善縁を結ばん。各々邪を翻し正路《しょうろ》に帰し、互いに相資助《しじょ》して菩提を証せん。

（どれだけ生まれ変わろうと、自分が恩を受けた者にはことごとく報いていきたい。私に仇をなす者に対しては謝ってお詫びをしていきたい。今まで仏教に縁のない者にはことごとくよい縁を結ばせてあげたい。そのようにして、それぞれ邪《よこしま》な考え方を改めて正しい道に返り、お互いが相助け合って悟りを開くことができるようにしたい）

そのために全国に安国寺、利生塔を建てようということなのです。その先駆けが横須賀の庵を構えていたときに建てた塔です。船で往来している人も塔を拝むことができるように、あるいは海の中の魚ですら塔の影に触れて縁を結ぶことができるようにと考えたわけです。仏教では、仏縁を結ぶと今度その魚が生まれ変わったときに、いいところに生まれてくることができると考えます。そうした仏縁を一人でも多くの人と結んでいきたいとの思いから、最晩年になって全国に安国寺、利生塔を建てていこうと発願するのです。
夢窓国師の「乱に因って懐を書す」という七言律詩があります。これは夢窓国師の想いが一番籠っている詩であると私は思っています。鎌倉幕府の滅亡から建武の新政、そして後醍醐天皇の悲惨な最期。そして室町幕府の最初に至る、戦乱の世に思いを寄せた漢詩です。

世途《せと》今古幾たびか窮通《きゅうつう》す
万否千蔵一空《ばんぴせんぞういっくう》に帰す
傀儡棚頭《かいらいほうとう》　彼我を論じ
蝸牛角上《かぎゅうかくじょう》　英雄を闘わしむ
須らく知るべし　鷸蚌《いつぼう》相持する処
終に閻魔の考鞫《こうきく》の中に堕つることを
馬を華山《かざん》に放つ　何《いずれ》の日をか待たん
如かじ、轡《くつわ》を覚城《かくじょう》の東に頓《おさ》めんには

（世の中は昔も今も、何度も行き詰まり、何度も通じ、また行き詰まり通じるということを繰り返してきた。さまざまな人間世界の善し悪しを争ったところで、最後はすべて空に帰ってしまう。いろいろな世界で戦乱が続いていたけれども、それはあやつり人形が台の上で敵と味方に分かれて戦っているようなもの、あるいは、かたつむりの二本の角が争うようなもので何も意味がない。シギとハマグリがつまらない戦いをしているうちに両方とも閻魔大王のところに行ってしまう。いつの日にか馬のくつわを外して華山の南に放してやろう。くつわを戦のために付けることなく、悟りの世界へと行きたいものだ）

「蝸牛角上《かぎゅうかくじょう》」の争いというのは『荘子』にありますが、夢窓国師から言えば、同じ日本人であり、同じ人類であり、同じ人間同士が争っているのは、まるで蝸牛角上の争いだというのです。かたつむりの二本の角がお互い争っても、争っただけ弱ってしまうだけですから意味がない。北条家が滅びて建武の新政になり、次に足利家の世になったといっても、それはもう蝸牛角上の戦いではないかと言っているのです。これは夢窓国師の感懐です。

「鷸蚌《いつぼう》相持する処」というのは漁夫の利の話。鷸はシギで、蚌はハマグリです。ハマグリが口を開けているところにシギがやって来てつつこうとする。食べられまいとハマグリが口を閉める。そこに漁夫が来て、ハマグリとシギと二つとも捕まってしまったという話です。

「馬を華山《かざん》に放つ」というのは、「牛を東林の野に放ち、馬を華山の南に帰す」という中国の古いことわざがもとになっています。昔は牛や馬を戦に使っていましたが、その牛や馬のくつわを外して元の山に返してやる。つまり、もう戦いはやめようということを言っています。

夢窓国師の生きた時代から何百年も経っていますけれども、なお人間は考えや思想の違いによって争いを繰り返しています。それは今見ても傀儡棚頭《かいらいほうとう》の戦いであり、蝸牛角上の戦いではないのか。いい加減にそういうことをやめて、「馬を崋山に放つ、何の日をか待たん」というようになりたいものです。これが夢窓国師の願いであったのです。

◉京都も鎌倉も関係ない、広い世界が自分の寺である

夢窓国師は五十一歳のときに世に出てからいろいろなお寺を転々としたという話をしました。夢窓国師が住した大きなお寺は五山と呼ばれるものだけ挙げてもこれだけあります。

五十一歳　南禅寺

五十三歳　浄智寺
五十五歳　円覚寺
六十歳　　南禅寺（再）
六十五歳　天龍寺
七十七歳　天龍寺（再）

これは鎌倉と京都の五山です。それ以外にも鎌倉瑞泉寺を開き、岐阜多治見に虎渓山永保寺を開き、山梨塩山に恵林寺を開いていますし、小さなお寺も含めるとさらにたくさんのお寺を開いています。

普通であれば、南禅寺に住したというそれだけで一生涯の仕事です。それが南禅寺、浄智寺、円覚寺、再び南禅寺に入り、天龍寺に入って、晩年を再び天龍寺に住するという具合に転々としています。それを『西山夜話』という夢窓国師の語録には次のように書いてあります。

師、南禅に住せし時、元翁和尚（仏徳禅師）師に謂って云く、
和尚叢林を出てよりこのかた二十余年、其の間動止定まらず。既に十余箇処に迨《およ》ぶ。

我心中に以謂《おもえ》らく、此れ豈身を労し道を障えるの因縁に非ずや。近ごろ像法決疑経《ぞうほうけつぎきょう》を看るに、仏言わく、比丘の止住《しじゅう》三月を過ぐること莫れ。若し人謗《そし》って此の比丘動止《びくどうし》定《さだま》らず言わば、必ず当に泥犂《でいり》に堕すべし。此れより僻情《へきじょう》は已に破れ了んぬ。

（夢窓国師が南禅寺にいたときに、仏徳禅師という方がこう言いました。「あなたがお寺に入ってから二十数年、あちこち動き回ってもう十幾つも転々としておられます。実は私は思っていたのです。そんなにあちこち動いていると体が疲れてしまって仏道の修行の妨げになるのではないか、と。けれども最近、像法決疑経というお経を読んでいたら、仏様は、修行している者は三か月以上一か所にいるなということをおっしゃっているのですね。それを見て、ああ、あなたもそういう気持ちであるのかなというふうに少し理解できました」）

今の日本では一か所のお寺に長くいたほうがよいとされます。しかし、お釈迦様の時代はそうではなかったのです。長くいることは執着になるから転々としなさい、と教えていました。お釈迦様自身、旅の途中で亡くなっておられます。決して大きなお寺で亡くなったりはしていません。夢窓国師もそれに倣ったのではないかと、仏徳禅師は理解したようです。

夢窓国師は十余か所の寺を転々として、苔寺や天龍寺の庭園のような素晴らしい作品を残しています。

この仏徳禅師の解釈に対して、夢窓国師は次のように答えています。

師曰く、我必ずしも其の仏制を守るが故に爾《しか》るにあらざりき。直に大円覚を以て我が伽藍を為す。東に去り西に留る、未だ曽て暫くも其の中を離れたりき。世に多年一処に止住する者有るも、未だ必ずしも一牀の上に坐せず。有る時は東司にはしり、有る時は後架《こうか》に到り、有る時は庭前に徘徊し、有る時は山頂に眺望す。此れ、豈《あに》動止定まらざるに非ずやと。

（夢窓国師が言うには「いや、私はお釈迦様の教えを守っているというのではない。円満なる悟りの世界こそが寺だと思っているのだ。だから、関東にいようが京都にいようが、すべて悟りの世界の中であってそこからは一歩も離れてはいない。世間でひとつの寺にずっといるという人がいたとしても、決して一か所にはいないはずだ。用便を足しに行ったりすることもあれば、洗面に行くこともある。庭に行くこともある。裏の山に登ることもあるであろう」と）

この広い世界が自分の寺だと思っているから、京都に行こうが鎌倉に行こうが、それはあなた方が手洗いに行くとか庭を歩いているようなもので、どこにも動いてはいないのだ、というのです。実にスケールの大きな考え方です。夢窓国師の目から見ると、北条家だろうが、後醍醐天皇だろうが、足利尊氏だろうが、自分の都合で仕えたわけではない、広い悟りの世界の中では皆一緒だというわけです。

そういう気持ちで誰であっても隔てなく付き合ってきたから、誰からも信頼されたのではないかと思うのです。そこでうまく取り入れてもらおうという気持ちが少しでもあれば、足利尊氏などは受け付けなかったと思います。

この度量の広さというのが夢窓国師の特徴です。これは修行の最初に仏国国師についたとき、「自分の出所進退には一念も私心を挟んではいけない、それがあれば悟りは得られない」と教えられたことを生涯貫いていたのでしょう。それが一番大きな夢窓国師の働きだったのではないでしょうか。

それが理解できない人は、夢窓国師が北条家にも後醍醐天皇にも仕えたとして悪く言います。仮に北条家だけに仕えて北条家と命運を共にするような生き方をしていれば、個人としては美学として称えられるかもしれません。しかし、それでは禅宗のためにはならないという大きな視点を持っていたのです。だからこそ後醍醐天皇の帰依を受けて禅宗を守っていったのです。夢窓国師が北条家の繁栄だけを考えて行動したならば、後醍醐天皇は「鎌倉の禅宗をやめてしまおうか」と思ったかもしれません。そうなれば、禅宗の今日はなかったでしょう。

夢窓国師は節操がないという批判をする人に対して、私はその度量の広さということを言いたいと思います。そういう見方で夢窓国師を評価してくれる人はあまりいないのですが、その度量の広さは素晴らしいと思います。私はそれを声を大にして言いたいと思うのです。各地を転々としたのも、やむを得ずという気持ちだったのでしょう。ただ夢窓国師の場合は、そのやむを得ずの行動が師である仏国国師を超えて、結果として禅宗を広めることにつながったように感じます。素晴らしい生涯であったと思います。

夢窓国師は一三五一年九月三十日、京都嵐山にある臨川寺内の三会院で亡くなります。七十七歳の生涯でした。その後、お弟子方が円覚寺塔頭の黄梅院を夢窓国師の塔所（お祀りする場所）として定め、そこに足利二代将軍足利義詮の分骨をして、足利家の菩提所としました。一方、同じ円覚寺の仏日庵は代々北条家の菩提所として守られていて、北条家と敵対していた足利家側もそれを守っていきました。敵味方が同じお寺に仲良く祀られるというのも、平和な世を願い、私利私欲を全く抱かなかった夢窓国師のご利益ではないかと思います。

五十歳を境に全く別人のような働きをされた方でしたけれど、貫くものはひとつだったのではないかと思います。それを明らかにして夢窓国師を再評価したいというのが私の願いです。

第三講

正受老人——正念相続の一生涯

武家の家に生まれたものの出家。生涯自らの寺を持たず、故郷飯山の小さな庵で母と暮らした孝行者。白隠慧鶴を厳しく鍛える一方、酒を愛し、村人に愛された。

◉真田幸村の甥として武家に生まれる

正受老人の名で知られる道鏡慧端《どうきょうえたん》（一六四二〜一七二一）は信州松代藩の藩主真田信之の庶子といわれます。庶子というのは妾の子です。真田信之は真田幸村の実の兄ですから、正受老人は真田幸村の甥っ子ということになります。真田家といえば、関ヶ原に向かう徳川秀忠の軍勢を上田城で迎え撃って足止めを食らわし、秀忠軍の関ヶ原到着を遅らせるという殊勲をあげました。また、大坂夏の陣、冬の陣でも、徳川は最後まで真田には振り回されています。正受老人は、飯山城主松平忠倶公の養子として飯山城で育ったともいわれます（飯山は現在の長野県飯山市）。

世が世なれば正受老人も武将として活躍していたのでしょう。その一端を示すエピソードが残っています。晩年の頃の出来事ですが、地元の剣を学んでいる若い武士たちから「あなたはずいぶん坐禅の修行を積んでおられるそうですが、いくら坐禅をしていても実際に刀を持って戦えば我々のほうが上でございましょう」と挑発されて、それならと手合わせをしたところ、手に持ったうちわで打ち込んでくる武士の剣先を軽くいなしてしまったというのです。恐れ入って兜を脱いだ武士たちが「どうしてうちわひとつで我々の剣をかわすことができたのですか?」と聞くと、「剣の太刀筋が見えておれば途中で払うことはわけがない。お前たちはそれが見えないから恐れてしまうのだ」と答えたといいます。

こういうことも、おそらくお城の中で育った頃に剣術の教育を受けていたからではないでしょうか。

◉「あなたには観音様が具わっている」

そのような境遇に生まれた正受老人ですが、承応三（一六五四）年、十三歳のときに生涯を決する出来事に遭遇します。

松平公は仏教への信心が深く、お坊さんをお城に招いて経典の講義をしてもらっていました。あるとき、藩邸にいる子弟たちが和尚さんから各人の守り本尊を紙に書いてもらうことになりました。生まれた月によって、あなたの守り本尊は普賢菩薩であるとか千手観音であるというように、決まった守り本尊があったようです。正受老人が紙を持って行って「私にも書いてください」と言うと、その和尚さんは「あなたには書けない」と断ります。

なぜかと聞くと、「あなたには観音様が具わっているから書く必要がない」といわれました。しかし、正受老人はまだ十三歳ですから、その意味がわかりません。そこで

「私の観音様とはなんですか?」と聞きます。すると和尚は「それは人に聞いてはいけない。自らに問いなさい」とだけ言うのです。

そう言われてからというもの、正受老人はひたすら自分に具わっている観音様とは一体なんであろうかと考え続けました。このときはまだ正式に修行道場に行って、坐禅や読経などの修行をしているわけではありません。ですから、ただ自分の心にある観音様とは何かという問題に意識を集中して、ひたすら考えに考えていったのです。結果として、それは坐禅をして無心になるのと同じものであったわけです。

我々臨済宗の坐禅は、師家が修行僧に公案という問題を与えて考えに考えさせて、その答えを持ってこさせます。ただ「無心になれ」というだけではいろいろな雑念が湧いてきます。そこでひとつの問題に全身全霊を挙げて集中させることによって、雑念を自然と断ち切らせるわけです。

正受老人の場合も、自分に具わっている観音様とは何かとずっと考え求めていくことにより、期せずして坐禅をするのと同じ心境になっていったのでしょう。

あるとき、正受老人の姿が見えないと思ったら、手洗いの中でずっと考え込んでいるということがありました。それが十六歳のときまでですから、三年間も考え続けていたわけです。周りの者から見ると、あいつはちょっとおかしいんじゃないかということになります。

　そのぐらい思いつめて「自分に具わっている観音とはなんであろうか、観音はどこにいるのだろうか」と考えていたら、十六歳のときに二階に上がる階段の途中から転落してしまいました。しかし、階段の下に落ちてひっくり返ったとき、正受老人はハッと「ああ、観音様は具わっていた」と気がつくのです。

　本人はようやく答えを得られて嬉しくてしょうがないのですが、それをわかってくれる人がいません。真言宗のお寺や近在のお寺の和尚さんに自分の体験を話しても、「そういうことはわからない」と判断を下してくれません。せいぜい「そういうことは禅宗にでも行って聞くしかないのではないか」というぐらいでした。正受老人は、自分では凄い体験をしたんじゃないかと思うのですが、誰もわかってくれないし認めてもくれないので、悶々《もんもん》とした日々を送っていました。

◉至道無難禅師と出会い、十九歳で出家

　万治三（一六六〇）年、十九歳のときに、松平忠倶公が江戸に出ることになり、正受老人も一緒について行きました。あるとき、正受老人は藩の下屋敷を出て、禅宗のお寺に至道無難禅師という方を訪ねました。至道無難禅師はもともと関ヶ原の宿屋の亭主

だった人で、五十歳を過ぎてお坊さんになりました。

当時、京都の妙心寺の住持を務めた愚堂国師という名僧がおられました。その方が京都と江戸を往復するときに定宿としていたのが、この至道無難禅師が営む旅籠でした。関ヶ原の合戦が終わって十数年経った頃、至道無難禅師は愚堂国師の姿に触れて一所懸命に坐禅をして愚堂国師から禅の問題（公案）をもらいました。それは「本来無一物」という問題でした。至道無難禅師は宿屋の主人を続けながら坐禅をして、その本来無一物は何かを悟るのです。

それで愚堂国師のところで出家したいと願うのですが、家業を捨てるわけにもいかないというので悶々として飲んだくれていました。そんなある日、愚堂国師が宿を訪れました。今のように事前に予約の連絡が入るわけではありませんから、愚堂国師がやって来たとき、至道無難禅師は外で飲んでいて不在でした。困った家人が「うちの主人はこの頃、外で飲んでばかりいます。おまけに酒癖が悪くてどうしようもありません。禅師様、どうかお説教をしてください」と愚堂国師に訴えました。すると愚堂国師は「相わかった。酒樽を用意して玄関に置いておけ」と家人に言い、そこで主人が戻るのを夜通し待ちました。

至道無難禅師は何も知らないまま、いい気持ちになって鼻歌交じりで帰ってきて玄関の明かりをつけたら愚堂国師がどんと坐っている。それを見て驚いて「申し訳ありません」と平謝りすると、愚堂国師は「相わかった。お前も男子であればこの酒樽の酒をここで飲み干せ。飲み終わったならば生涯酒を断て」と言うのです。それで、ぴたっと酒をやめることを誓うのです。

明くる日、至道無難禅師は愚堂国師が江戸に出発するのを見送りに行きます。いつもは途中まで見送って戻って来ていましたが、そのときはとうとう江戸までついて行ってしまいました。それでそのまま坊さんになるのです。五十二歳のときです。おそらくその頃は自分の宿屋の跡取りもできていたのだろうと思います。

この至道無難禅師が江戸に庵を建てて住んでいた五十八歳の頃、十九歳の正受老人が訪ねていきます。至道無難禅師は小さな庵で茣蓙《ござ》を巻いて暮らしていたといいますから、大きな寺の和尚というわけではなかったのでしょう。しかし、正受老人は「この人は只者ではない」と直感的に判断し、至道無難禅師のもとでそのまま出家するのです。

ここからいよいよ修行が始まるのですが、殿様の養子が突然いなくなって帰ってこないというわけで江戸の藩邸は大騒ぎになりました。あちこち探して回ってようやく至道無難禅師という禅僧のところにいるらしいという噂が耳に入り、家臣たちが乗り込んで行きます。そして「恐れ多くも藩主の子供を勝手に坊さんにするとは何事か」と至道無難禅師に談判するのです。

至道無難禅師は黙ったまま家老たちが一通り文句を言うのを聞き終わると、御付きの若い坊さんに「たらいを持って来い」と命じて、水を張ったたらいを持ってこさせます。そして、こう言いました。

「では、あなた方の頭を今から剃ってあげるから、たらいの水で髪を濡らしなさい」

それを聞いて家臣たちはカンカンになって怒りました。

「私たちは別にあなたに坊さんにしてもらおうと思ってきたわけじゃない」

そこで至道無難禅師はこう言いました。

「それ見ろ。頭を剃るということは、その人がその気にならなければ剃れるものではない。嫌がる者を無理やり剃るということなどできはしない。この子は私のところに来て、坊さんになりたいといって頼んだから、私が頭を剃ってあげたのだ」

坊主になるのが嫌で抵抗している者の頭を無理やり剃れる道理はありません。家臣たちもそれはわかったようで、しぶしぶ帰っていくのです。

◉故郷の飯山に戻り、庵に籠って世間との縁を断つ

こうして正受老人は出家をして、その後はひたすら至道無難禅師について修行を続け

ます。そして明くる年、二十歳のときに至道無難禅師から印可証明を受けるのです。二十代で印可証明を受けるというのは本当に稀なことです。それぐらい正受老人の悟りは素晴らしかったのでしょう。

その後も引き続き至道無難禅師のところで修行をしますが、二十一歳から二十六歳の間だけ東北地方を行脚しています。この頃、正受と名乗るようになったようです。東北行脚は新たに師匠となる人がいないかと探す旅でした。しかし、至道無難禅師ほどの人は見当たらないとわかって、再び禅師のところに帰って修行を続けることになりました。

三十五歳のとき、その至道無難禅師が亡くなりました。その年、正受老人は飯山に帰ります。そして母親を引き取り、世間との縁を断って、お母さんが亡くなるまでずっと一緒に暮らすのです。さらに、お母さんが亡くなった後も、ずっとその庵で暮らします。ですから生涯にわたって庵住まいで、享保六（一七二一）年に八十歳で亡くなるまで、どこの寺にも入りませんでした。

その間に水戸光圀公が二回にわたって招いたといわれています。しかし正受老人は母親と暮らしているからと、光圀公の招来を断って山を下りませんでした。これは大変な決断です。相手は天下の副将軍ですから、下手をしたら首を斬られるかもしれません。それを考えると、よほど腹が据わっていた人だったのでしょう。

◉どこの寺にも属さなかった正受老人が育てた禅僧

正受老人が育てた禅僧が白隠禅師です。禅は鎌倉時代に来日した仏光国師（無学祖元）や夢窓国師の教えによって鎌倉時代から室町時代にかけて全国に広がっていきます。二十四流といわれる系統の教えが伝わっていました。しかし、江戸時代にはほとんど退廃して途絶えてしまいます。大きな歴史の流れを見ると、江戸時代はキリシタンを禁制するために檀家制度をとりました。そのためにお寺がたくさんできました。当然お坊さんの数も増えましたが、増えるにつれて劣化してしまったのです。昔のように、道を求めて僧になろうという人ばかりではなくなってきて、だんだん衰退していくのです。

正受老人は鎌倉や京都に修行に行った形跡はありません。これは白隠禅師も同じです。白隠禅師は十六歳で出家して日本全国を行脚《あんぎゃ》して優れた禅僧を訪ねています。優れた人がいると聞けば四国のほうまで足を延ばしていますが、生涯、鎌倉五山や京都五山を訪ねませんでした。白隠禅師が修行に行こうというほどの魅力が当時の鎌倉や京都にはなかったのでしょう。この円覚寺にしても、江戸時代の中頃に誠拙周樗《せいせつしゅうちょ》禅師という人が出て再興するまでは退廃の中にありました。

白隠禅師が各地を行脚しているとき出会ったのが、この正受老人でした。そして正受老人の教えを得て大悟するのです。この白隠禅師との出会いが正受老人を広く世の中に知らしめていくことになりました。正受老人は白隠禅師一人を育てていくのです。その白隠禅師の元から大勢の優れた禅僧が出て、今、鎌倉五山でも京都五山でも白隠禅師の系統の人たちがたくさん入っています。私自身も円覚寺の歴代の住持に加わっていますが、学んだ教え自体は白隠禅師の系統です。

その白隠禅師を育てたのが、この正受老人なのです。

◉四十年の間、ひたすら続けた正念工夫

正受老人は一途というのか一心というのか、これぐらいひたむきな人はいないと言っていいほどです。正受老人の一生を象徴する言葉があります。

老僧十三歳此の事有るを信じ、十六歳娘生《じょうしょう》の面目《めんもく》を打破し、十九歳出家、無難先師に随従し、他の毒手《どくしゅ》に触るることはほとんど十余年なり。その後此の山に遁去《とんきょ》し、惟《ただ》道《どう》これ保つ。今既に七十に向《なん》なんとす。中間《ちゅうかん》四十年万事を抛下《ほうげ》し、世縁《せえん》を杜絶し専一に護持将来し、漸《ようや》くここ五六年来、正念工夫《しょうねんくふう》の真箇《しんこ》相続《そうぞく》を覚得《かくとく》せり。

十三歳のとき禅僧の教え、すなわち「あなたには観音様が具わっている。その観音様とは何かと人に聞いてはいけない。自己の心のうちに求めなさい」という教えを信じました。そして十六歳で「娘生の面目」、つまり本来持って生まれている素晴らしい自己、観音様の心を持って生まれていたということに気がつくのです。

正受老人の修行はこれだけでよかったのです。観音様は皆の心の内にある。皆が本来、心に持って生まれてきている。それに気がつくか気がつかないかだけなのだと。正受老人はそれに十六歳のときに気がついたのです。

しかし、誰もわかってくれなかった。それで十九歳のときに江戸に出て至道無難禅師のもとで出家をし、十九歳から三十五歳までのほとんどの期間、禅師のもとで「毒手」つまり厳しい指導を受けて修行しました。

その後、至道無難禅師が亡くなると故郷の飯山に帰って、母親が亡くなるまで一緒に暮らします。実は、至道無難禅師はその晩年に立派なお寺を建てていました。その後継者として正受老人は推薦されるのですが、それを固辞して他の人に譲り、自分は飯山に帰って来たのです。

飯山では母親も一緒に坐禅をし、二人で禅問答をしながら暮らしたといいます。あるとき、正受老人に会いたいという和尚が訪ねてきました。あいにく正受は庵におらず、母親が応対したのですが、今のように電話があるわけではなく、すぐに呼ぶことができません。そこで母親は自分の小指を噛んだというのです。すると山にいた正受老人は「母が自分を呼んでいる」と気づいたという逸話が残っています。それほどに母子は深い絆で結ばれていたということなのでしょう。

　親子が暮らした庵は正受庵といって、今は寺になっています。それほど大きな寺ではありません。養父の松平忠倶公は自分の子供に立派な寺を建てることを勧めましたが、正受はこの庵だけでいいと固辞しています。ただ「手水鉢とイチイの木をください」といって松平公からもらいました。その手水鉢は今でも残っているそうです。欲がないというのか、それだけで自分は生涯足りるのだという心境だったのでしょう。正受老人の人柄をよく表す話です。

　その後この山に隠れ住んで、ただひたすら仏道を保ってきました。七十になるまで四十年間あまりも世間の事を一切避けて、ひたすら正しい思いをずっと絶やさなかった。一念でも邪な思いを起こさず、正念をずっと貫いていくのです。この正念工夫を四十年間続けました。

　いつ正念を失うか常に自分の心を観察しよう。いつ心に隙ができるか常に観察して、油断のないように隙のないようにと、それだけに集中して三十五歳の頃から続けてきて、ようやく七十近くなって少しできるようになってきたというのです。

◉狼がたむろする中で七晩にわたって続けた坐禅

正受老人は、そのような正念を持ち続けるために坐禅修行をしていました。これを「不断の坐禅」といっていますが、この今の一念を絶やさない坐禅をしようと思うのであれば、**「矛戟攻戦《ぼうげきこうせん》の巷《ちまた》、号哭悲泣《ごうこくひきゅう》の室、相撲掉戯《そうぼくちょうぎ》の場、管弦歌舞《かんげんかぶ》の席に入《い》るも安排《あんばい》を加えず、計較《けきょう》を添えず、束ねて一則《いっそく》の話頭《わとう》と作《な》し、一気に進んで退《しりぞ》かず」**刀を交えて合戦をしているそんな最中でも、人が亡くなって嘆き悲しんでいるお弔いの席にあっても、相撲をとったり鞠《まり》を蹴ったりしている最中であっても、歌をうたったり踊ったりしているような中にいても、あれこれと考えたり比べたりしないで、自分の正念を見失ってはいけない。

また、**「譬《たと》い阿修羅大力鬼《だいりきき》に肘臂《ちゅうひ》を捉えられ、走って三千大千《さんぜんだいせん》世界を千回百匝《ひゃくそう》すといえども、正念工夫片時《かたとき》も打失《だしつ》せざる者、名付けて真正参玄《しんしょうさんげん》の衲子《のっす》となす」**阿修羅大力鬼というのは仁王様のような恐ろしい怪物のようなもの。そういうものに自分の肘を摑まえられて、この宇宙を百回千回引きずり回されても一念も動かさない。それぐらいの覚悟で坐れというわけです。普通の人には難しいことですが、正受老人はそれぐらい厳しい坐禅をしたのでしょう。

それを実証したのが、六十三歳のときに狼の群れの中で坐禅をしたという、次の話です。

正受老人が六十三歳のとき、飯山の里に狼の群れが出て多くの人が負傷をするという事件がありました。これはこういう話です。宝永年間の初めに村の人が山で子狼を捕まえてきて家で飼っていたところ、犬によって咬み殺されてしまったというのです。それ以来、毎晩のように怒り狂った狼の群れが村を襲ってきて吠え叫び、垣根を破って家の中にまで入ってきて人間の子供を襲うようになったのです。村の人たちは大変なことになったと不安な気持ちで、夕方から門を固く閉ざして恐れていました。

この話を聞いた正受老人は、村はずれにある埋葬場所に行っておおよそ七日七晩、ずっと坐禅を続けました。このときのことを後に正受老人は次のように語っています。

「狼たちがわしの坐禅しているところにやってきて、喉のあたりをクンクン嗅いだり、耳に息を吹きかけてきた。しかし、わしはこんなときこそ正念を失わない工夫の一番だと思って坐っていたのだ」

ほんのちらっとでも恐ろしいとか嫌だなという念を起こしたら、おそらくガブリとやられてしまうから、決して正念を失わないように試したというのです。相手は野生の狼ですから、少しでも気持ちが動いたらごまかしようがないというわけです。

これについて学者はいろいろなことを言います。その当時はもう日本狼はいない、それは山犬だというような説もあります。しかし、たとえ山犬であったとしても、その群れの中で坐るというのは容易ではありません。正受老人が坐禅をした後から、もう狼も出てこなくなったというわけですから、その凄さは動物でも感じることがあったのでしょう。

この逸話からも、一念を守る、正念を相続することをどれだけ真剣に行っていたかがわかります。当時の六十三歳は今ならば七十、八十ぐらいにあたると思われますが、そんな高齢でこれほどの坐禅ができたというのですからよほど優れた人であったのでしょう。これが禅の力というものです。このような人であったから、水戸光圀公からの誘いを断っても微動だにしないでいられたのではないかと思うのです。

◉理不尽に耐え、正受老人の教えを受け継いでいった白隠禅師

この事件の数年後、二十四歳の白隠禅師が正受老人のところにやってきて修行をします。正受老人は白隠禅師に禅の問題を与えて徹底的に叩きました。白隠禅師は十六歳で出家して全国行脚をし、新潟のお寺で鐘の音を聞いて悟りを開きました。

初めて白隠禅師が正受老人を訪ねたとき、禅師は自分が今まで修行し体験したことを漢詩に書いて正受老人に示しました。けれども正受老人はそれを握りつぶして、「こんなものは文字に書いたものにしかすぎない。本当にあなたが体験したものをここに出せ」といって、別の公案を与えて問答を繰り返しました。しかし、正受老人は白隠禅師がなんと答えても認めません。あるときは崖の上から白隠禅師を突き落として、別のときには雨上がりのぬかるみの中を突き落として罵ったというぐらい厳しい指導を続けるのです。

ある日、白隠禅師は飯山の町を托鉢していて、呆然として我を忘れて立ち尽くしたといいます。いつまでも白隠禅師が動かないものだから、托鉢に行った家のおばあさんが「早く行け」と箒《ほうき》でひっぱたいたそのときに本当に悟りが開けたというのです。そのあとで正受老人のところに戻ってくると、ようやく正受老人はにっこり笑って白隠禅師の悟りを認めるのです。

それだけの出会いですけれど、白隠禅師は終生正受老人の恩を忘れず、正受老人の教えを得たといって江戸時代の荒廃した臨済宗を再興していくのです。そういう白隠禅師を指導し得たというのは、正受老人という人なればこそでした。

先に述べたように、最初に白隠禅師が正受老人のところにやってきたとき、正受老人は白隠禅師の悟りを認めませんでした。それでも見所があると思ったのでしょう。普通は誰も寄せ付けない正受老人が、「今晩は泊まっていけ」と白隠禅師に言います。そして「風呂を沸かせ」と命じます。あの時代は水道がありませんから、風呂を沸かすというのは一大労働です。川から水を汲んできて庵の風呂桶に水を張って、次に薪を拾ってきてそれをくべて、ようやく風呂が沸く。

沸くと、まずお師匠さんから入りますから、白隠禅師は正受老人に「どうぞお入りください」と言いました。しかし、正受老人は風呂にすっと手を入れて「ぬるい」と言ったかと思うと、そのまま風呂の栓を抜いてお湯を全部流してしまいました。それから、白隠禅師を呼んで、「こんなぬるい湯に入れるか。沸かし直せ」と命じるのです。白隠禅師は何も口答えせずにもう一回川に行って水を汲んできて薪で風呂を沸かして、「沸きました」と正受老人に言います。するとこんどは「熱い」と言ってまた栓を抜いてしまう。結局、三回目にようやく入ってくれたというのです。

こんなことは今ではなかなかできません。いじめだと言われてしまいます。でも、修行というのはそういう理不尽さに耐えていかなくてはいけないと私は思うのです。世の中というのは理不尽なもの。なんでこんなことをするのかと説明できないこともたくさんあります。しかし時には理不尽に耐えなければならないことはあるのです。

たとえば、不慮の災難など避けることはできません。なんでこんな目に遭わなきゃいけないのか、誰も説明できないでしょう。一瞬のうちに家族を失い、財産を失うこともあります。でも人間というのは、そういう理不尽にも耐えて生きていかなければならないのです。

理不尽をする相手が人間であれば、「こんなひどい奴のところにいてもしょうがない」と言って逃げることはできます。しかし、逃げてしまえばもうそれきりです。白隠禅師はそこで逃げずに理不尽に耐え抜いて修行をして、正受老人の教えを受け継いでいくのです。

「源が深からざれば流れ遠からず」という禅の言葉があります。深く掘り下げていなければ遠くまで流れは届かないという意味です。井戸などもそうで、深い井戸でないとすぐに涸《か》れてしまいます。正受老人というのは、まさにそうした深さのある方でした。どこもよそには行かずに深く自分の心を掘り下げていきました。そして、その深い心に触れた白隠禅師を通じて、正受老人の禅の教えが広がっていったのです。

◉村人に親しまれた正受老人の日常の姿を漢詩に見る

正受老人は専門の修行者である白隠禅師に対しては厳しく接して、どんないい答えを持ってきても罵り、崖から突き落とすというような指導をしました。その一方で、村人には別人のように優しく接していました。だから、村人たちには非常に評判がいいのです。そのあたりの正受老人の姿がわかるような漢詩をご紹介しましょう。

中野氏、雪中予《せっちゅうよ》を待つの韻に和す
年老い心《こころ》孤《こ》にして兀々《ごつごつ》癡《ち》たり
竹扉《ちくひ》深く鎖《とざ》して出ること遅々《ちち》
何《なん》んぞ量《はか》らん、風雪紛々《ふうせつふんぷん》の節《せつ》
乍《たちま》ち香泉《こうせん》を得て眉宇《びう》披《ひら》く

これは「中野氏、雪中予を待つの韻に和す」という詩です。中野氏というのは正受老人を経済的に支援した人で、正受老人によくお酒を贈っています。長野県の飯山は今でも冬は雪深い土地です。昔は今のように家に暖房が整っているわけではありません。せいぜい囲炉裏があるくらいですから、お酒を飲んで体を暖めたのでしょう。

「年老い心孤にして」（年をとって孤独で）とありますが、このときはお母さんもすでに亡くなって一人住まいだったようです。「兀々癡たり」の「兀々」は「じっとしている」という意味ですから、これは「黙ってじっとしているしかない」ということ。「竹扉深く鎖して出ること遅々」竹の門を閉ざして、外出するのも億劫《おっくう》であまり出かけることもない。しかし「何んぞ量らん、風雪紛々の節」思いがけなくもこんな風と雪が舞い散る夜に、「乍ち香泉を得て眉宇披く」。「香泉」はお酒。漢詩ではしばしば、お酒のことを「香泉」（いい香りのする水）と言い換えます。思いがけなくも中野さんがお酒を持ってきて訪ねてくれたので、「眉宇披く」眉毛が八の字になった、つまりニッコリ笑顔になったというわけです。

もうひとつ、「歳首」という漢詩をご紹介します。「歳首」とは「年の初め」です。

歳首《さいしゅ》

淑気《しゅくき》纔《わず》かに催《もよお》して、物々《ぶつぶつ》新たなり
屠蘇《とそ》三盞《さんさん》、喜津々《きしんしん》
多年《たねん》戯《たわむ》れに植《う》う、梅松竹《ばいしょうちく》
今日相逢《こんにちあいあ》へば是れ故人《こじん》

（年が新たになって春になった。たくさん屠蘇をいただいて嬉しくてしょうがない。長年

この小さな庵に遊び心で松と竹と梅を植えている。この庵に植わっている松と竹と梅が私の唯一の友である）

こういうわび住まいをしていたというわけです。
次は「和」という和韻をした漢詩ですが、これもお酒の詩です。

和《わ》
山家《さんか》の風雪　人を遠離《おんり》す
蟄《ちつ》坐《ざ》衾《きん》寒うして春も春ならず
乍《たちま》ち清樽《せいそん》を得て起《た》って驚躍《きょうやく》す
独吟独酌《どくぎんどくしゃく》、楽頻々《らくひんぴん》たり

（こんな山寺に住まっていて雪と風で誰も来ない。庵に籠ってじっと座っていると寒くて寒くて春になっても春の気がしない。しかし、お酒の樽が届いたものだから嬉しくて躍り上がった。一人詩を詠みながら一杯やって楽しんでいる）

正受老人はこうした酒にまつわる詩をたくさん作っています。それと同時に私が注目したいのは、次の「夫婦の死別せるを悼む」というような詩です。

夫婦の死別せるを悼《いた》む
死別常《つね》無《な》く去って回らず
悲哀恋々《れんれん》として天明《てんめい》に至る
何人《なんぴと》か竭《かっ》し得ん、愛河《あいが》の底《てい》
動静《どうじょう》起居《ききょ》　情更《じょうさら》に情

（連れ合いが亡くなってもう帰ってこない。残された者の悲しみは尽きることなく、夜明けまでずっと悲しみに暮れている。この愛情の思いは尽きることはない。動いていても留まっていても坐っていても寝ていても、愛情の思いは次から次へと湧いてくる）

正念相続というと何ものにも心を動かされないと思うかもしれませんが、そうではないのです。一つひとつの感情になりきるというか、悲しんでいる人がいたら自分も一緒になって悲しんであげる。それが本当の正念です。傍に悲しんでいる人がいるのに微動だにしないというのは本当の正念ではない。無心になるということをよく鏡に譬えますけれど、悲しんでいる人がいればその悲しみとそっとひとつになって悲しむというのが慈悲の根本なのです。

こういうわけで、正受老人は修行者には厳しいけれども、村人たちには大変に慕われていたのです。正受老人と「老人」をつけて呼ばれたのも、まさにそういうことでしょう。確かに庵住まいではありましたが、立派に出家したお坊さんです。それなのに、和尚様とか禅師様とか老師様とかいった高い呼び方ではなくて、老人と呼ばれていたのです。庵に住んでいるご老人というような感じだったのでしょう。これも村人たちに親しまれていたという証といえると思います。

◉一生涯を貫いた正念相続の工夫

正受老人は子供を亡くした人と一緒に涙を流して悲しむというような詩を作っていますし、人間だけではなく小さな生き物にも優しい目を向けています。たとえば「蝶を悼む」という、蝶々が死んでしまったことを悲しんで作った詩があります。

蝶を悼む
暮春《ぼしゅん》雨過ぎて樹蒼々《じゅそうそう》
紅白根《こうはくこん》に帰《き》す、円覚《えんがく》の場《じょう》

胡蝶《こちょう》豈《あに》知らんや、観法《かんぽう》の事《じ》
憐れむべし、旦夕《たんせき》啇《ただ》に悲傷することを

「暮春雨過ぎて樹蒼々」春も終わり雨も降って木が緑に濡れている。「紅白根に帰す、円覚の場」赤い花も白い花も散ってしまった。「円覚の場」とは、円満なる悟り、仏心の世界、悟りの世界です。そういう悟りの世界に帰ってしまったというのは、散ってしまったということです。「胡蝶豈知らんや、観法の事」花がすべて散ってしまうと、花と戯れる蝶々は悲しい。しかし我々であれば花が散るのは無常の世界だとわかるけれども、蝶々はそういう無常というようなことはわからないから、「憐れむべし、旦夕啇に悲傷することを」ああ気の毒になあ、花が全部散ってしまって蜜を吸おうにも吸えないで蝶々が悲しい思いをしているな、と。

これは蝶々の気持ちになって詠んでいる詩なのです。禅僧の詩としてはちょっと珍しいと思います。

正受老人がこういう詩を作るというのはいいなと思います。というのは、普通は花が散っているのを見ても、蝶々が困っているとはなかなか思いません。しかし、無心になればなるほど感覚が研ぎ澄まされていって、瞬間、瞬間のことがはっきりと見えてくるのでしょう。正念というのはそういうものです。

だから剣を振り下ろされても太刀筋が鮮明に見える。それが正念工夫というものです。おそらく一コマ一コマできちっと見える。正念、正念、正念で見えるのでしょう。私はぼやっとしているから何も見えませんが、正受老人の正念というのは一コマ一コマきちっと見えているのでしょう。だから、こういう詩も詠めるのでしょう。

これも蝶々の気持ちになって死を悲しんでいるだけなのです。ただ一般の人と違うのは、そういう感傷的な気持ちをいつまでも引きずらないということ。その瞬間だけは悲しい気持ちになるけれど、それをいつまでもずるずると引きずらない。それを引きずるというのが、我々の迷いのもとになるのです。

正念とは、その時その時に一念が完結するものです。それでいて正念相続というのは容易ではありません。我々はどうしても引きずってしまいます。喜びがあると喜びを引きずります。悲しみがあると悲しみを引きずります。しかし、正受老人は正念相続の工夫を生涯貫いて亡くなります。

かの水戸光圀公が正受老人を招こうとしたきっかけとなったのは、水戸から正受老人を訪ねた修行僧の話でした。この修行僧は正受老人の噂を聞いて、この人のところで修行をしようと訪ねていくのですが、たまたま正受老人は留守でした。そこで帰りを待っていたところ、やがて正受老人が山から薪をとって帰ってきました。その歩いている姿を見ると寸分の隙もありません。それに修行僧は恐れをなして、修行を申し込む前に帰ってきてしまったのです。この話が水戸光圀公の耳に入り、正受老人を呼び寄せようとするのですが、先にも言ったように正受老人は山を下りませんでした。

このような正受老人の姿と酒を飲んでいい気持ちになっている姿はつながらないように思えますが、そうではないのです。お酒のときはお酒を飲んでいるその時を喜んでいる。そして、酒を飲み終えれば、また正念相続をするのです。

お酒は本当に好きだったようで、村人の家に行ってお酒を飲んで、いい気持ちになってその辺で寝ていたという記述もあります。雪が深いものですから、あるときは雪の中に埋もれて寝ていて、村の人たちが雪を掘り起こしたら老人が出てきたとも書いてありました。私はこれを読んで新潟の寺の和尚に「そういうことが本当にあるのか」と聞きましたが、さすがに「それは作り話だ。雪に埋もれたら息ができないから死んでしまう」と言われました。真偽のほどはわかりませんが、それぐらい村人に親しまれていたということでしょう。

◉正受老人から白隠禅師に受け継がれた慈悲の心

正念の究極は慈悲です。狼の中で坐禅をする厳しさも慈悲なのです。狼が来た、それをどうするかというときに、自分の身をなげうって狼の出るようなところで七日七晩も坐禅をしたというのは結果として村の人達を救った慈悲の極みでしょう。

正受老人は観音様を具えて生まれてきたと言われた方です。観音様というのは慈悲の心を表します。お釈迦様がお悟りになった仏心は慈悲の心です。その心がどういうものかをわかりやすく一般の人に弘めるために、観音様という姿をとって慈悲を説いているにすぎません。

自分の心の本質は慈悲であるということに気がついたということ、これが正受老人の悟りです。ですから、厳しい坐禅をしたというのも、すべて慈悲の心なのです。そのくらい深い坐禅をしていなければ、白隠禅師のような日本全国の禅の指導者を訪ねて修行をしているような人を救うことはできなかったでしょう。

それほどの人物でありながら、大きな寺を建てたりもしていませんし、大きな活動をしたわけでもないのです。しかし、村人たちに慕われて暮らしたということも慈悲の極みでしょう。だから、正念相続の工夫の究極は慈悲になるのです。

その原点は十三歳のときに、「あなたには観音様が具わっている。その観音様を外に求めるな、自分の心のうちに求めよ」と言われたことです。それをひたすら求めた生涯だったのです。

村人に対しての優しさと白隠禅師に対する厳しさ。この二つの対応は両極端のようですが、究極的には慈悲というところにつながっていきます。正受老人には白隠禅師の優れているところがわかっていたから、この人にはこれだけの厳しい対応をしてやらなければいけないということだったのでしょう。そして、白隠禅師も後年それに気づくのです。

実は白隠禅師が正受老人のところにいたのはわずか八か月で、それほど長い期間ではありません。その後は二度と正受老人を訪ねていません。おそらく、正受老人から受けた厳しい修行がよほど骨身に徹したのでしょう。

それは白隠禅師が二十四歳のときの体験ですが、それから十八年過ぎた四十二歳のある夜、法華経を読んでいるときにコオロギが鳴くのを聞き、初めて正受老人の心がわかったというのです。

そこから白隠禅師は人が変わったように説法を始めます。このつながりというのは実に深いものがあります。本当の慈悲の心だったから、年月がかかっても通じたのではないでしょうか。そのときには正受老人は既に亡くなっているのですが、その心は確かに白隠禅師に受け継がれたのです。

そんな厳しい正受老人が一般向けに説いた教えがあります。「正受老人一日暮《ぐら》し」というものです。

◉「正受老人一日暮し」に説かれた教え

或る人の咄《はなし》に、吾れ世の人と云うに、『一日暮らしといふを工夫せしより、精神《せいしん》すこやかにして、又養生の要《よう》を得たり』と。『如何《いかん》となれば、一日は千年萬歳《ばんさい》の初《はじめ》なれば、一日よく暮らすほどのつとめをせば、其の日過ぐるなり。それを翌日はどうしてかうしてと、又あひても無き事を苦にして、しかも翌日に呑まれ、其の日怠りがちなり。つひに朝夕《ちょうせき》に至れば、又翌日を工夫すれば、全體《ぜんたい》にもちこして、今日の無きものに思ふゆゑ、心氣《しんき》を遠きにおろそかにしそろ也。兎角《とかく》翌日の事は命の程も覺束《おぼつか》なしと云うものの、今日のすぎはひを粗末にせよと云ふではなし。今日一日暮す時の勤めをはげみつとむべし。如何程《いかほど》の苦しみにても、一日と思へば堪へ易し。楽しみも亦《また》、一日と思へばふけることもあるまじ。愚かなる者の、親に孝行せぬも、長いと思ふ故也《ゆえなり》。一日一日を思へば退屈はあるまじ。一日一日とつとむれば百年千年もつとめやすし。

何卒《なにとぞ》一生と思ふからに大《たい》そうなり。一生とは永い事と思へど、後《のち》の事やら、翌日の事やら二年三年乃至《ないし》百年千年の事やら、知る人あるまじ。死を限りと思へば、一生にはだまされやすし。』と。

一大事と申すは、今日只今《こんにちただいま》の心也《こころなり》。それをおろそかにして翌日あることとなし。總《すべ》ての人に、遠き事を思ひて謀《はか》ることあれども、的面《てきめん》の今を失うに心づかず。

これはある人の言っていたことを正受老人が聞いて、「これはいいことだ」と言ったのです。ある人は何を言っていたのかというと、次のようなことを言っていました。「一日暮らしというのをやってみると、非常に精神が健やかで元気になる。どうしてかというと、千年萬歳《ばんさい》といっても一日がその初めであるから、一日よく暮らせばその日は終わる。それを明日はどうしてこうしてと考えても明日はまだ来ないわけだから、それは相手もないことを苦にするようなもので、翌日に今の自分が飲み込まれて、その日を怠ってしまうことになってしまう。また次の日になれば、その翌日のことを考えてしまい、全体に持ち越してしまって、せっかくの今日をもう無いもののように思ってしまう。明日のことばかりにとらわれてしまうと、心が遠くに行ってしまって、今を疎かにしてしまう。

明日どうなるかわからないから、どうでもいいという人もある。けれどそれはいけない。明日どうなるかわからないから、今日はきちんとやらなくてはいけない。今日一日を暮らすための勤めを励み努めよ。少々の苦しいことがあっても、今日一日の辛抱だと思えば耐え忍べる。逆に楽しみもまた、今日一日と思えば耽ることもないだろう。愚か者が親孝行ができないというのは、長い一生だと思うからできないのだ。今日一日、今日一日と思えば退屈はしない。一日一日と勤めれば、百年千年も勤めることはたやすいものだ。一生と思うから大変なのだ。一生とは永いことと思えるけれど、後のことやら翌日のことやら、二年三年ないし百年千年のことを知っている人はいない。一年先とか二年先とかと、死というものを遠く先に設定するから一生を疎かにしてしまうのだ」と。

正受老人は一瞬一瞬を大切にしましたけれども、それは一般の人にはなかなか難しい。それなら、この人の言うように、せめて一日一日と区切って生きればいいじゃないか、と正受老人は言っているのです。

その究極として言いたいのは、最後に書いてある言葉でしょう。

「一大事と申すは、今日只今の心也」この今の心が正念なのです。よく「念」という字は「今の心」と書くといいますが、この今の心を疎かにしてはいけないのです。「それを疎かにして翌日あることとなし」で、この今の心を疎かにして明日はない、だから今に集中するのです。今、目の前で嘆き悲しんでいる人がいるから一緒に嘆き悲しむ。今、目の前にお酒が来たから喜んでお酒をいただく。今、狼が来たからその中でカッと坐禅をする。その集中、集中、集中が正受老人の正念相続ということなのでしょう。

「總ての人に、遠き事を思ひて謀ることあれども、的面の今を失うに心づかず」皆、遠い先のことばかり考えて今を生きていないだろうか、と。皆さん方も、ご飯を食べながら何か別の予定を考えていたりするでしょう。後で何を食べたかと聞かれて答えられない。それは今を失っているからです。それほど今に集中することは難しいのです。理論的に考えれば、その時その時だけに対応してやっていけばいいのでしょうが、正受老人は生涯かけてそのことに打ち込んだのです。

正受老人はこういう歌も示されています。

さしあたることのみ思え人はただ帰らぬ昨日まだこぬ明日

人はただださしあたることに集中しろ、もう昨日は再び帰ってこないし明日はまだ来ない、というわけです。それが「一日暮らし」ということです。

一日暮らしというとどうにか考えやすいのですが、究極は、この「一大事と申すは、今日只今の心也」ということ。この「只今の心」を見失うなということです。これが正受老人のいう正念相続ということです。この正念相続が一番大事だというのです。我々が真似をするのはなかなか難しいのですが、物事に集中できないときに、この正受老人の正念相続を思い浮かべて反省の糧にするといいのではないでしょうか。

第四講

白隠慧鶴——いかに地獄から逃れるか

五歳にして世の無常を感じ、十一歳のときに地獄の恐ろしさに目覚める。長年の修行ののち、自ら地獄に下りて菩薩となる決意を「南無地獄大菩薩」として表した。丹田呼吸法を説き、書画の名手としても知られる。

◉八万人が訪れた渋谷で開催された白隠展

臨済宗の開祖というと一般には栄西禅師といわれます。もちろん栄西禅師は日本に初めて臨済宗を伝えた方であって、歴史上、大きな功績があります。しかし実際のところ、日本の臨済宗の僧の中で一番大きな影響力を持った方といえば、今回お話しする白隠慧鶴禅師（一六八五〜一七六九）であろうと思います。

白隠禅師は江戸時代の人ですが、膨大な点数の書画を遺していることでも知られます。それらは『芸術新潮』や『別冊太陽』といった雑誌で特集が組まれたこともあります。いわゆる水墨画的な静かな画風ではなくて、迫力があり、それでいて多少コミカルなところのある作風です。

近年、白隠禅師に注目したのはむしろ海外の人でした。どういう理由で注目したのかはわかりませんが、その結果として日本でも白隠禅師の絵が見直されるようになりました。二〇一二年には渋谷にある Bunkamura で白隠展という展覧会が開かれました。これは我々にとって非常な驚きでした。「若者の街・渋谷で白隠展が開かれるとは！」と、青天《せいてん》の霹靂《へきれき》だったのです。

白隠展を企画したのは私も親しくさせていただいている花園大学の芳澤勝弘教授でし

た。教授は、どこで行うか色々検討したらしいのですが、渋谷のBunkamuraで開催したところ、なんと八万人もの人たちが訪れたそうです。メディアも反応して『芸術新潮』とか『別冊太陽』とかNHKの日曜美術館などが白隠特集を組みました。実に不思議な面白い現象でした。それほどの人たちの心をつかんだ白隠禅師の魅力とはどういうところにあるのでしょうか。今回はまずそのあたりのことからお話ししていこうと思います。

◉地獄絵図を見て地獄から逃れる方法を一生かけて求める

白隠禅師は貞享二（一六八五）年、駿河（静岡県）の原という場所で生まれています。原というのは東海道の街道筋にある宿場町です。東海道線の下りに乗って沼津から二駅先に原という駅がありますが、ここには今も白隠禅師のご生家が残っています。長沢家といいます。ご当主にお目にかかったこともありますが、なかなか裕福なお家のようでした。

恵まれた家に生まれた白隠禅師は何不自由なく育ちました。ただ三歳になっても「未だ立つこと能わず（立つことができなかった）」とありますから、もしかすると少し体が弱かったのかもしれません。

五歳のときの逸話があります。ひとりで海に出かけて、そこに浮かんでいる雲を眺めていたら世の無常を感じて大声で泣いてしまったというのです。「今日という日は二度とない」「今は命があってもいつどうなるかわからない」という無常観は高僧方に共通している点であると思います。ただし、普通そういう悟りに至るのは、病気のために死にかけたとか、親と早くに死に別れたというような体験が原点にある場合が多いのです。ところが、白隠禅師はなんというわけでもなく、海辺で雲の浮かんで消えていく様子を見ていて悟ったというのです。よほど感性が優れていたのでしょう。

その感性の鋭さゆえ、母親に連れられて近くの寺にお参りをした十一歳のときに、ひとつの「事件」が起こります。お寺の住職から地獄絵図を見せられ、説法を聴いて、恐怖におびえるのです。この地獄絵図というのはよくお寺にあったものです。嘘をついた者が舌を抜かれたり、釜ゆでにされたり、針の山を登らされているような、血にまみれた悲惨な地獄の様子を描写したものです。昔は寺にそういう絵を掛けておいて、子供たちの教育をしたのです。

昔の子供たちは純粋にそういう地獄があることを信じていました。嘘をついたら舌を抜かれる、人の物を盗ったら火にあぶられる、動物を虐待すると顔は人間のまま体は牛になってしまうというように、絵を見せながら基本的な道徳を教えたのです。

白隠禅師はその地獄の絵を見て身も震えるほどの恐怖心を抱きました。お寺から帰ってきて母親と一緒にお風呂に入っているときも、風呂を沸かす薪の燃える音を聞いて地獄の釜茹《かまゆ》での様子を思い出し、大きな声で泣き喚《わめ》いたといいます。そして母親に、「どうすれば地獄から逃れることができますか？」と聞いたというのです。

これが白隠禅師の修行の原点になりました。自分は地獄に落ちるかもしれない。もし地獄に落ちたら、どのようにすれば脱出することができるのか。それが生涯を貫くテーマになったのです。それは白隠が晩年になって書いた「南無地獄大菩薩」という書に表れています。南無とは敬意や崇拝を表す言葉ですから、普通であれば、南無阿弥陀仏とか南無観世音菩薩とか南無の後に仏様の名前を書きます。しかし、白隠禅師の至り得た境地は南無地獄大菩薩だったのです。それほど地獄に対して恐れおののく気持ちが強かったということでしょう。

◉白隠禅師を出家に駆り立てた鍋冠日親の伝説

白隠禅師は十二歳のときに、鍋冠日親《なべかむりにっしん》という方の逸話を聞いて出家を志します。この方は日親上人という室町時代の日蓮宗のお坊さんです。この日親上人が日蓮上人の『立正安国論』という本を書き写して足利幕府に提出をしたところ将軍家が激怒して捕縛され、さまざまな拷問を受けた末、最後に真っ赤に焼いた鉄の鍋を頭に被せられたそうです。ところが、そんなひどい目に遭ったにもかかわらず、ひたすら「南無妙法蓮華経南無妙法蓮華経」と唱えて平然としていたというので、鍋冠日親と呼ばれるようになりました。

この話を聞いて白隠禅師は「これだ！」と膝を打ちました。こういう力を得れば地獄から逃れることができるのではないかと思ったのです。それ以来、一所懸命、観音経や法華経を読むようになりました。そしてあるとき、火箸を炉辺で真っ赤に熱して、観音経を唱えながらその焼けた火箸を自分の体に押し当ててみました。お経を唱えていれば鍋冠日親のように火傷しないだろうと思ったわけです。しかし、当然そううまくいくはずはなく、大火傷をしてしまいました。

白隠禅師はそのときに思いました。「どうして自分は火傷をしてしまったのだろうか」。焼けた火箸を押し当てれば火傷をするのは当たり前ですが、白隠禅師は鍋冠日親の伝説を信じていたのです。それぐらい純粋な心の持ち主であったということです。そのとき白隠禅師は自分が火傷をしたのは出家をしていないからだと思いました。日親上人は出家して坊さんになって修行をしていたから超人的な力がついたのであって、在俗のままいくらお経を一所懸命に読んでもそうした力はつかないに違いないと思ったのです。

そう思い込んだ白隠禅師はすぐに出家を志しました。しかし、親は出家を許してくれません。それでもたびたびお願いをして許しを得て、十六歳のときに正式に出家をします。それが原にある松蔭寺というお寺です。このお寺は今も残っています。本山とか山奥にあるお寺ではなく、東海道のすぐ傍にあるお寺です。

白隠禅師はこの松蔭寺の和尚として一生を終わります。妙心寺の住持になるとかいうことは終生なかった人です。松蔭寺という町のお寺の一介の住職——これが白隠禅師のお坊さんとしての位です。お坊さんの世界では管長が一番高い位になりますが、白隠禅師は最後まで低い位にいたわけです。臨済宗では一番というほど大きな力を発揮した人が、位でいえば一番低いところにいたというのは非常に興味深いと思います。

今、我々が修行道場で講義をするとき、講義をする老師は皆の一番下坐に坐るという習慣があります。実はこれ、白隠禅師の影響でできあがった習慣です。白隠禅師は立派な悟りを開いた優れたお坊さんでしたが、位が低かったものですから大きなお寺の和尚さん方が、下坐に座らせて講義をさせたのです。その伝統がずっと続いていて、今でも修行道場で講義をするときは一番下坐にあたる場所に高座台を置いて行っているのです。

◉修行への疑念を解きほぐしてくれた二冊の本

元禄十二（一六九九）年、白隠禅師は松蔭寺の単嶺祖伝という方について出家をし、沼津の大聖寺の息道和尚に師事して勉強をしました。元禄十五（一七〇二）年十二月十四日、忠臣蔵で知られる赤穂浪士の吉良邸討ち入り事件が起こりました。そしてその翌年の元禄十六年、今度は白隠禅師にとっての大事件が起こります。

事件の起こった場所は同じ静岡の清水です。当時、白隠禅師は清水の禅叢寺《ぜんそう》というお寺で勉強と修行をしていました。そのときに『江湖風月集』という中国の禅の書物の講義を受けました。

その本の中に巌頭渡子という中国の唐の時代の禅僧の話が出てきます。日本では明治時代に廃仏毀釈という仏教の弾圧がありましたが、中国では何回も廃仏が行われました。唐の武宗の時代にも「会昌の廃仏」という仏教弾圧があって、お寺を壊したりお坊さんを還俗させたりして仏教が布教できないようにしました。この巌頭和尚という人は「渡子」とあるように、廃仏に遭って舟の渡し守をやっていました。唐代では数本の指に数えられる非常に優れた禅僧ですが、最後は山中で盗賊に襲われて首を斬られて死んでしまうのです。

この話を聞いて白隠禅師は「仏法は虚妄なり（仏法はでたらめである）」と失望しまし

た。出家して修行すれば地獄から逃れられると思っていたのに、現実は生きている間に身に降りかかってくる災難ですら振り払うことができない。それでは地獄から逃れるどころの話ではないというわけで、仏法は信ずるに足らないのではないかという疑念を抱くようになったのです。

それからしばらくの間は禅に失望して、坐禅の修行をせずに漢詩文に耽りました。漢詩文も立派な学問のひとつですが、禅僧としての本格的な修行を少し怠けていたのです。十九歳、白隠禅師にとっての一大事件でした。

二十歳、自分はこれからどう生くべきかと悩んだ白隠禅師は、美濃（岐阜県）の大垣にある瑞雲寺というお寺に行きます。そこで馬翁和尚という方について修行をします。この和尚は非常な勉強家で、経典や語録をたくさん持っておられました。たまさかそれらの本をお堂いっぱいに広げての虫干しをしていました。和本というのは油断すると虫がついて穴だらけになってしまいますので、ときどき虫干しをするのです。

白隠禅師は本の虫干しをしながら仏様に願をかけてみました。

「これから自分はどういう生き方をしていったらいいのか、進むべき道を教えてください」

そう祈りを捧げて、目を閉じて虫干しをしている膨大な書物の中から一冊の本を取り上げました。それは『禅関策進』という本でした。その本をパッと開いてみると、慈明禅師が夜坐禅をしていて眠くなると錐で自分の股を突き刺して眠気を払ったという一節が目に飛び込んできました。

「あっ」と白隠禅師は気づきました。仏法がいいかげんなものであればここまでやることはないじゃないか、と思ったのです。さらにその書物の中に「古人刻苦光明必盛大（古人刻苦光明必ず盛大なり）」と書いてあるのを見て、「ようし、これだ」と思い直して、今一度志を奮い立たせたのです。

このときの体験で白隠禅師は修行に開眼します。ただ、これは悟りの眼が開いたというより、「自分はこの道を行くんだ」という覚悟が決まったということでしょう。十六歳のときに出家をしてやる気まんまんで修行をしていたのが、だんだん熱が冷めて火が消えかけていたのです。しかし二十歳のときに、もう一回修行に開眼したのです。

その後の修行ぶりは猛烈なものでした。二十二歳のときには伊予（愛媛県）松山にあるお寺に修行に行っています。そこで読んだ『仏祖三経』の中に次のような話が載っていたそうです。それは仏道の修行を譬えた話で、修行というのは木切れが川の流れに沿って流れていくようなもので、途中で岸に乗り上げたり誰かにとられたりしなければ、流れに従っていくだけで必ず悟りの海に到達することができる、というものでした。この文章を読んで白隠禅師は大感激します。

これは『禅関策進』にある「古人の刻苦なる光明必ず盛大なり」という話とは一見すると反対のことをいっているように思えます。『禅関策進』のほうは現状否定です。「今のままではいけない。もっと志を強くして自ら奮起せよ」ということです。ところが、こちらは川の流れに従っていけば必ず悟りに至るのだ、というのです。ゆったりやっていけばいいんだよ、と言っているわけです。

しかし、これは何も矛盾してはいません。実際の修行というものは、この両方が必要なのです。激しく自分で前に進もうとする強い気持ちも必要だし、腰を据えてゆったりやっていくことも必要なのです。

私もよくお話しするのですが、人間が前に進もうとするとき、片足を前に出せばもう一方の足は必ず大地を踏みしめています。両足に力を入れていると前には進めませんし、無理をすればひっくり返ってしまいます。反対に、両足とも脱力していても前には進めません。だから、一方では力を入れ、一方では力を抜く必要があるわけです。

この二つの話が白隠禅師の修行を支えたのです。だから白隠禅師は、『禅関策進』と松山で見つけた『仏祖三経』を生涯手元に置いて離さなかったそうです。

◉富士山の大噴火にも動ぜず坐禅を続けた白隠禅師の信念

宝永四（一七〇七）年、白隠禅師が二十三歳のときに宝永の大噴火、つまり富士山が噴火しました。このとき白隠禅師は原の松蔭寺に帰ってきていました。原は富士山のすぐ近くです。噴火と同時に大地震が起こり、村落はことごとく砂（火山灰）や石（火山弾・火山礫《かざんれき》）で埋没したといいます。砂が飛んで大雨の如くであったとか、地面が動いて波のようであったというのですから、大変な災害であったことでしょう。

白隠禅師はそのとき松蔭寺のお堂で坐禅をしていました。松蔭寺も大いに揺れ動いて、他の修行僧や寺に住んでいる者たちは皆、寺から外に出て這い蹲《つくば》って避難をしました。ところが、ひとり白隠禅師だけは坐禅堂に籠って坐禅をしたまま動かなかったというのです。そのときに白隠禅師は「自分がこれから修行をして本当に悟りの眼を開いて世の中に必要となる坊さんとなるのであれば、こんなところで天が私を殺すはずはない」と思い、同時に運を天に試すというのか、「自分が生きていても、将来、たいした人間になれないのであれば、ここで死んだっていい」と思ったというのです。

それで微動だにせず坐ったままでいたところ、寺の者たちが駆けつけて来て「早く外に逃げろ」と声をかけました。しかし、自分でそのように決心をしていたので動かなかったのです。これは凄まじい決意です。やがて地震が収まり、幸いにも白隠禅師は怪我ひとつしなかったと書いています。

　自分が本当に世の中に必要とされる人間になるのであれば、天が私を滅ぼすはずはないというのは、道理と言えば道理です。これと似たような話が『論語』にも出てきます。子罕篇にありますが、孔子が匡《きょう》という国で大難に遭って殺されそうになったときに、落ち着きはらって次の如く言ったというのです。

「文王既に没したれども、文茲《ここ》に在らずや。天の将《まさ》に斯《こ》の文を喪《ほろ》ぼさんとするや、後死《こうし》の者、斯の文に与《あず》かることを得ざるなり。天の未だ斯の文を喪ぼさざるや、匡人其れ予《わ》れを如何《いかん》」

（周の文王はもはや亡くなられたけれど、その素晴らしい教えと伝統は私に受け継がれている。天が文王の素晴らしい教えを滅ぼそうとするならば、後代の私がそれに与ることはできなかったはずだ。天がこれを滅ぼさないのだから、匡の人が私をどうにかすることがどうしてできようか）

　これは孔子の信念を物語る一節ですが、これを読んだとき、白隠禅師の覚悟とそっくりだと思いました。白隠禅師も「正しい修行さえしていれば天が我を滅ぼすはずはない」という信念から富士山が噴火しても慌てず騒がず坐禅を続けていたのです。このとき、白隠禅師はまだ二十三歳の若さでしたから、たいしたものです。

◉仏心は死ぬことはなく、ずっと生き通しである

二十四歳になると、今度は越後高田の英巌寺の性徹和尚のところへ赴いて修行をします。岐阜、愛媛と来て、次は新潟です。ここで猛烈な坐禅をし、悟りを開くのです。仏光国師（無学祖元）が夕方から坐禅を続けていて、夜明けを知らせる開板を叩く音を聴いて悟りを開いたという話をしましたが、白隠禅師の場合は、遠くの寺からゴーンと鐘の鳴る音を聴いて、豁然《かつねん》として悟りが開けるのです。

悟ったときに白隠禅師は一声叫びました。「ああ、巌頭和尚は豆息災だ」と叫んだというのです。先に巌頭和尚が賊によって首をはねられて殺されたという『江湖風月集』にある話を読んで白隠禅師がひどく失望したという話をしました。ところが悟りを開いたとき、白隠禅師は「そうではなかった」と知ったのです。「豆息災」というのは「まめで元気なこと」ですから、これは「巌頭和尚は死んではいない、生きていたのだ」と言っているのです。そういう悟りが開けたのです。これはどういうことでしょうか。

悟りの世界をお話しするときに、よく仏心の世界ということをいいます。人は仏心の中に生まれ、仏心の中で生き、仏心の中で息を引き取る。死ぬということは終わりではなくて仏心の世界に還っていくことなのです。そして、仏心は生き通しであるともいい

ます。仏心は死んでなくなることはないということです。詩人の坂村真民先生はこういう詩を書いておられます。

わたしは墓のなかにはいない
（中略）
虫が鳴いていたら
それがわたしかも知れぬ
鳥が呼んでいたら
それがわたしかも知れぬ
魚が泳いでいたら
それがわたしかも知れぬ
花が咲いていたら
それがわたしかも知れぬ
蝶が舞うていたら
それがわたしかも知れぬ

わたしはいたるところに
いろいろな姿をして
とびまわっているのだ
墓のなかなどに
じっとしてはいないことを知っておくれ

（『坂村真民全詩集第五巻』より）

この坂村真民先生が描いておられるのが仏心の世界というものなのです。「仏心は死ぬことはない、ずっと生き通しなのだ」――これは死という問題についてのひとつの決着です。

私はよく一般の人に対してもこの仏心の話をします。ただ、どこまで人に通じるだろうかと内心忸怩《じくじ》たる思いを持っていました。私自身は長く坐禅をしてきたおかげで、なるほど仏心の世界では生まれるとか死ぬということはないのだなと多少は感じていますが、それが果たして一般の方に伝わるのかどうかという疑問を持っていました。

ところが去年の暮れ、あるご婦人から分厚い便箋の手紙を頂き、それを一読して驚きました。文面から、その方はまだお若い方ですが、お父さんが昨年、事故で亡くなったそうなのです。

その方はお父さんの無残な姿を見て悲しみや恨みや憎しみでいっぱいになり、どうにもならなくなりました。

そんな心境のまま十二月にたまさか円覚寺を訪れ、私の話を聴いたというのです。私はそのとき仏心の話をしていました。人間が死ぬというのは仏心の世界に還っていくことであり、仏心の世界には死ぬということはない。生き通しなのだ、と話したのを彼女は聴いていたのです。

その話を聴いているうちに彼女はわかったというのです。「ああ、父は死んだのではない。仏心の世界に還っただけだ。今もこの空中に父は生きているんだ」と。その瞬間、涙がぽろぽろぽろぽろと零《こぼ》れ落ちてきたそうです。そして、それまでの苦しみが全部嘘のように消えてしまった。

この方から頂いた手紙を読んで私は驚愕《きょうがく》しました。長い年月かけて坐禅をしたわけでもないのに話を聴いただけで、「お父さんは死んではいない、だから誰も責める必要はない」と感じ取ったのです。私はただ仏心の世界について語ったにすぎないのですが、それだけでわかる人がいたのです。

結局のところ、人によりけりなのでしょう。たった一回の話でハッと気がつく場合もあれば、長い年月をかけて気づく場合もある。白隠禅師も十八歳のときには巌頭和尚が死んだ話を聞いて愕然《がくぜん》とした思いを抱きました。しかし仏心の世界に目覚めてみると、「巌頭和尚は決して死んでいない、元気に生きているじゃないか」と気づくのです。坂村真民先生の言葉でいえば「いたるところに　いろいろな姿をして　とびまわってい る」と気づいたのです。

これが白隠禅師の「地獄から逃れるには」という問題に対する解決の第一段階になりました。地獄だって恐れる必要も不安になる必要もありはしない。それは生きている者が正しく生きていくために仮に説いた教えであって、仏心の世界には地獄もなければ極楽もない。もうどこまでも仏心一枚なのだと気づくのです。二十四歳のときの出来事でした。

◉白隠禅師の鼻っ柱を叩き折った正受老人

このとき白隠禅師は確かに悟ったと思ったのですが、印可は受けられませんでした。つまり、悟ったことを認めてもらえませんでした。本当に悟ったのかどうか、これは難しいところなのです。本人は長い間修行を続けて苦労を重ねたうえで悟りを開いたと確信していますから、往々にして思い上がるというのか、人を見下してしまうところが出てくるのです。これが恐いところです。本当に悟ったのならば、修行したとか悟ったということすら消し去らなければいけないのです。

私は「悟ったなんていう人がいたら気をつけろ」という笑い話をよくするのですが、ちょくちょく思い違いをしてしまう人がいます。これはどんな道でも同じでしょう。一所懸命努力をして実力をつけて成功した。しかし、そうなるとつい「俺はこれだけのことをやり遂げたんだ」と思い上がってしまう。それが迷いのもとになってしまうのです。悟りにはそういうマイナス面があるため、悟ったことすら否定して、謙虚でいなければいけないのです。

それを白隠禅師に教えたのが信州（長野県）飯山の正受老人（道鏡慧端）でした。正受老人からすれば白隠禅師が相当修行しているということは一目見たらわかります。本当はよくやったと褒めてあげたいくらいなのですが、そうすると自惚れてしまうと思ったのでしょう。徹底的に鍛えて、鍛えて、鍛え抜いて、悟ったというようなことまで消し去りました。

これが修行の一番骨の折れるところです。調子のいいときに調子のいいまま行っていると必ず反動がやってきます。一般社会の人であれば、自惚れていると壁にぶつかって高くなった鼻がへし折られるというようなことがよくあるでしょう。我々修行の世界では、それを人工的に行います。麦踏みと一緒です。伸びていこうという相手であればあるほど、踏んづけて、踏んづけて、鍛える。正受老人と白隠禅師の関係はまさにそういうものでした。

正受老人はもう白隠禅師が優れていることは十分に理解しながら、敢えて厳しく、厳しく、叩いて、叩いて、否定して、否定していくのです。その結果、白隠禅師はそこでもう一度大悟するという体験を得るのです。

◉修行で体を壊した自らの体験から生まれた丹田呼吸法

ところが、人間というのは本当にやっかいなもので、大悟したからといって万事うまくいくわけではありません。坂村真民先生の詩に「迷いながら　躓《つまず》きながら　求めながら　失いながら　憎しみながら　愛しながら　泣きながら　堪えながら　責めながら　怖れながら　己をつくり　神へ近づく　仏へ近づく」（『坂村真民全詩集第一巻』より）とありますが、白隠禅師も越後高田で悟ったと思ったら正受老人に叩かれて、そこで大悟して「これでよし、これで自分は大丈夫だ」と思っていたら今度は体を壊してしまいます。

これはあまりにも過酷な修行のツケでしょう。今の時代とは違って昔の修行道場の環境は劣悪で、食事も粗末なものでした。白隠禅師は八十四歳まで生きた方で、江戸時代にしては非常な長命ですが、もともと体は丈夫ではなかったようです。そのため今で言えば過度の修行のために、体が冷えてしまい、いつも冷や汗が流れるようになりました。一種の神経衰弱のような病気になってしまうのです。

これは伝説ですが、京都の北白川の山の中に白幽子という仙人がいたといいます。その山は今も残っているらしいのですが、白幽子はある書物によれば三百歳であったと。さすがにこれは言い伝えでしょうが、白隠禅師はその仙人のところに行って内観の法というものを学びます。内観の法とは気海丹田、すなわちお臍の下が自分の中心であると意識して思いを巡らすというものです。

今は坐禅と丹田呼吸は同じように指導されますが、昔はそうではありませんでした。坐禅は坐禅であり、丹田という言葉は禅の語録の中にはほとんど出てきませんでした。丹田を鍛えるとかお腹に力を込めるというのはむしろ道教の教えで、仏教や禅にはそれまであまり出てこなかったのです。

この丹田呼吸を最初に強調し始めたのが白隠禅師です。白隠禅師は自らが修行の結果として体を壊したために内観の法を始めます。気海丹田こそが我が浄土、気海丹田こそが阿弥陀様であると考えて思いを巡らしました。今でいうイメージトレーニングです。

これによって白隠禅師は体調を元に戻すことができました。この自身の体験から、「坐禅の最中に気海丹田に力を込めれば体も壊さずに修行も進む」と白隠禅師は説くようになりました。それが今日に続く伝統になっていくのです。白隠禅師がこの内観法を学んだのは二十六歳のときでした。

だから、悟ったと思ったらだめになり、悟ったと思ったらだめになり、これを繰り返していくわけです。ここが人間の尊いところでしょう。普通の短い伝記だとそのあたりの変遷を細かく書かないので、一回の悟りですべてが解決したように勘違いしてしまうのですが、実際はそうではありません。幾たびも迷ったり躓いたりを繰り返しながら、人間としての成長を遂げていくのです。

◉枯淡な生活を続けながら大慈悲にめざめる

白隠禅師は三十一歳のとき、巌瀧山という、今の地名でいうと岐阜県美濃加茂市にある深い山の中のお寺で一人坐禅を組みました。このときは山中の魔物に襲われ、ひたすら坐禅をしてお経を唱えていくと全部消えてしまったという体験をします。この体験から、魔というものは悉く自分の心の乱れにすぎないとわかったといっています。

そして三十二歳のとき、京都、岐阜から遠くは四国まで足を延ばした諸方行脚をようやく切り上げ、原の松蔭寺に帰ってきます。

白隠禅師は三十三歳のときに松蔭寺に住して、お寺にいる修行僧のために講義を始めます。ただ、小さなお寺ですから大道場というわけではありません。修行したいという人たちが数人集まっているような状況です。そこで自分もひたすら坐禅をしながら、講義をしつつ暮らしていました。

小さなお寺ですから経済的には楽ではなかったようで、当時の貧しい暮らしぶりを物語る有名な話が残っています。それは白隠禅師が三十九歳のときでした。もう食べる物がなくなって、小僧さんが捨ててあったお味噌を拾ってきて、それを使って味噌汁を作るのです。すると味噌汁の中に虫がいて動いていた。白隠禅師は台所の僧に「どうしてこんないいかげんなものを作ったのか」と叱りますが、真相は拾ってきた味噌に虫が湧いていたというわけです。

このとき白隠禅師に叱責された修行僧の返答がしゃれています。「お湯を沸かすと虫が死んでしまいます。殺生をしてはいけませんから、味噌にそのまま水を加えました。なので、虫がお椀の外へ這い出てから召し上がってください」と言ったといいます。そんなちょっと考えられないような暮らしぶりだったようです。

その後、四十二歳の秋のある夜、一人法華経を読んでいて庭で鳴いているコオロギの声を聞いたとき、初めて法華の真理を悟り得て号泣したというのです。このときに得た悟りがなんであるかが大きな問題なのです。ただ、そのとき初めて正受老人がどうして自分にあのように厳しくされたのかが身に徹してわかったといいます。

白隠禅師のご生涯は、この悟りを得た四十二歳までが修行時代とみなされます。そして四十二歳からあとが人々のために尽くした時代であると、二つに分けて我々は学んでいます。

◉白隠禅師の後半生の歩みをたどる

四十三歳のとき、庄司幽斎という人の十六、七歳になるお察という娘が白隠禅師を訪ねてきます。この娘はすでにちょっと悟りを開いたようなところがあって、白隠禅師と堂々と問答をしています。それからだんだん年をとって、その後も主に原の松蔭寺にいながら全国各地に招かれていって説法をするという活動を続けています。

五十九歳のとき、実質的に白隠禅師の跡継ぎになった東嶺円慈という人が松蔭寺にやってきました。この人も非常に優れた方でした。

六十一歳になると、白隠禅師は延命十句観音経という短いお経を弘めはじめます。これについては逸話が残っています。井上平馬という江戸の武士が死んで地獄に行ったところ、地獄の閻魔様《えんまさま》から「お前はまだこちらの世界に来なくていいから、この延命十句観音経を弘めてほしい。しかし、お前一人の力では無理だから、駿河にいる白隠禅師という和尚の力を借りろ」と言われて息を吹き返したというのです。そして、その井上という武士がわざわざ白隠禅師を訪ねてきて、かくかくしかじかでありますと話したというのです。これは伝説のようなものだと思いますが、そこから白隠禅師は延命十句観音経というお経を弘めるようになったというのです。

六十四歳、庵原《いはら》という静岡県の清水のほうに住んでいた平四郎という男がやって来ます。これは私が十二月の臘八大摂心という厳しい修行のときに必ず毎回する話なのですが、この庵原の平四郎は地元の富豪で、大事な娘が病気で急死してしまうのです。それでお地蔵様をつくってお祀りをしていました。あるとき、滝を見ていると、滝つぼに水が落ちて泡が浮かんでは消え、浮かんでは消えていく様子を見て、平四郎はどうしようもない無常観に襲われます。それで坐禅も何も教わったことはないのですが、自分の家に帰ってきて風呂場に閉じこもってじっと坐り続けました。三日三晩坐って、明け方に雀が鳴いている声を聞いたとき悟りが開けるのです。

しかし、これがどういう体験なのか本人はわけがわかりませんでした。そのときに「原の松蔭寺に白隠禅師という偉いお坊さんがいる」と聞いて訪ねていきます。白隠禅師に面会した平四郎は事の次第をすべて話しました。それを聞いた白隠禅師は「これは近来稀に見る悟りだ」といって褒め称えたというのです。

晩年になって七十六歳の頃、白隠禅師は三島に龍澤寺というお寺を開山しました。それまでは原の小さな松蔭寺にいたのですが、最晩年に至って修行道場として龍澤寺を開山したのです。三島の龍澤寺というと、山本玄峰老師のお寺として知られています。ところが、白隠禅師ほどの名僧の開いたお寺でも栄枯盛衰があって、玄峰老師が入る頃は廃れていました。それを玄峰老師がお入りになって再興されたというので、玄峰老師は我々の世界では白隠禅師の再来というふうにいわれるようになりました。

しかし、当時の七十六歳というのは極めて高齢です。寺の開祖になったといっても名目的なものであって、実際は弟子の東嶺和尚が坐禅の指導を担当していきました。これによって白隠禅師は東嶺和尚を自分の後継者と定めるのです。

その頃、白隠禅師は『延命十句観音経霊験記』という本を上梓しています。これは延命十句観音経の霊験を記した本ですが、奇妙な書物です。たとえば病人の周りを看病している人たちが取り囲んで延命十句観音経を唱えると重病でも必ず治ったという話、あるいは皆で延命十句観音経を唱えていると死者が甦ってきたというような、極めて不可思議な話が十幾つ載っています。この本を書いたのが晩年の七十五歳なのですが、先にも申し上げたとおり、晩年の白隠禅師はこの延命十句観音経をひたすら弘めていきます。

七十九歳のときに面白い話があります。衰弱と老いが重なって、もうこのまま死んでしまうのかというようなときに白隠禅師は夢を見ます。その夢の中にはお世話になった正受老人をはじめ、昔の立派な祖師方がずらっと並んでいました。そのずらっと並んだ祖師方がこういう話をしていたというのです。

ある和尚が「今の修行者たちはよく修行をしているけれども、ある二文字が足らない。この二文字が足らないがためにだめである」と言うと、皆が「そうだな、その二文字が足らんな」「足らんのは二文字だけだ」と同意をする。その中の一人の和尚が「その二文字とはなんであるか」と聞くと、それは「勇猛」の二文字だというのです。

この夢を見た白隠禅師は「そうか、『勇猛』の二文字が足りなかったか。私はまだあなたたちの中に入るには早い」と言って目が覚めたというのです。そして、それからさらに頑張って八十四歳でお亡くなりになるまで、いろいろな場所から頼まれてお説法に行き、最後まで現役で活躍をしながら原の松蔭寺で静かに亡くなるのです。これが白隠禅師の後半生のあらましです。

◉自分の悩みから他人の問題の解決へと深化した白隠禅師の悟り

白隠禅師の年譜をたどっていくと、何回も「悟った」と出てきます。これはいったいどういうことかと白隠禅師のシンポジウムなどでよく話題になります。

冒頭でも触れたように白隠禅師は絵画が外国で評価されているものですから、オランダやスイスなど海外の学者が随分研究をしています。そういう学者さんを交えたシンポジウムに私も何度か出たことがあります。

あるときのシンポジウムで、「悟りというものは一回切りではないのか、どうして白隠禅師はこんなに何度も悟ったといっているのか」という質問を受けました。私はそのときにこう答えました。

悟りというものは必ず迷いがあって悟りがあるのです。問題があって解決があるのと同じです。迷いも問題もないのに突然悟るということはないといっていい。明確な迷いや問題があって、それに対する悟りや解決があるわけです。

白隠禅師の最初の大問題は、地獄からどのようにしたら脱することができるか、ということでした。それに対して、越後高田の英巌寺《えいがんじ》で遠くのお寺の鐘の音を聞いて仏心の世界に気がついたのです。地獄も極楽もない、巌頭和尚は決して死んでいない。そう気づいたのです。地獄の問題はそれで片付いたのです。

しかし今度は、悟ったということが自分の迷いになってしまいました。それを正受老人が否定してくれて、さらなる悟りを得るのです。

ではその後、法華経を読んでいてコオロギの鳴き声を聴いて法華の真理を悟ったというのは一体なんだったのか。これは私の見方ですけれど、確かに白隠禅師は自分自身の問題は解決したのです。しかし、別の問題があったのだと思うのです。このとき白隠禅師はこういう歌を残しています。

衣《ころも》やうすき食《じき》やとぼしききりぎりす聞き捨てかねてもる涙かな

歌に詠み込まれた「きりぎりす」は庭のコオロギと見ていいと思います。「衣やうすき食やとぼしき」とあるように、着る物もろくにないし食べる物もろくにない。先にもいいましたように、この時代、白隠禅師は非常に貧しかったのです。味噌醤油すら事欠くような中で修行をしていて、大勢の修行僧たちが病気や飢えのために死んでいっています。そういう墓が今でも残っています。今は修行をしていて死ぬ修行僧はほとんどいません。時代のお蔭です。食べる物もあるし着る物もあります。おまけに医療も発達しています。しかし昔は何もない中で修行していたわけです。

白隠禅師は自分の問題は確かに片付いて、もう迷いが出る様子もなかったのです。けれども、周りを見ると現に食べる物もろくにない、着る物もろくにないという中で苦しい思いをしながら修行している人たちがいる。この修行僧たちをどのようにして導いていったらいいのであろうか、という新たな問題が出現したわけです。そんなときにコオロギの鳴く声を聴いて慈悲心に目覚めたのではないかと私は見ています。

法華経で説かれていることは、まさにその一点です。実は、白隠禅師は若い頃に法華経を読んで大いに失望落胆しています。法華経というのは比叡山天台仏教の、すなわち日本仏教の一番中核になる経典です。しかし、喩え話がたくさん書いてあって、あれほどわかりにくいお経はありません。白隠禅師は十代の頃に読んで、こんな喩え話ばかり書いている本が尊いのであれば、近松門左衛門の書いているもののほうがよほどマシじゃないか、といっているぐらいです。白隠禅師ほどの人ですら、十代の頃にはわからなかったのです。たとえば、こういう喩え話が載っています。

長者の家の子供がいました。その子は自分が長者の子供であることがわからなくなって乞食のような生活をしていました。それに父である長者が気づいて、「お前は長者の子なんだ」というのですが、本人には信じられない。それに気づかせるために、長者はまず「家の便所掃除をしろ」といって掃除をさせる。それに慣れてくると今度は庭の掃除をさせ、次は座敷の掃除をさせ、さらに自分の部屋の掃除をさせる。それから自分の財産の管理をさせて、いよいよ長者が死ぬ間際になって、「お前は我が子である。この財産は全部お前のものだよ」と告げる。そんな話です。

この喩え話は、みんな仏の心を持っていながらそのことに気づかずにさ迷っているだけだ、ということを教えているのです。いきなり「お前は仏の子だ」といわれても人は信じることはできません。だから、最初は坐禅をしろとか掃除をしろとかいうふうにして少しずつ導いていくのだというわけです。

こういった喩え話が法華経にはたくさん出てくるのですが、本当にわかりにくいのです。ただ、法華経の中核となるのは慈悲の心であって、それによって人々に悟りの眼を開いてもらいたいということなのです。白隠禅師はそれに気がついたのでしょう。自分だけ悟ったからそれでいいという道理ではない、すべての人々に悟りを開いてもらいたい、と。そして、それを実践していくのです。

白隠禅師がお作りになった隻手音声《せきしゅおんじょう》という公案があります。「両手を叩くとポーンという音がするけれども、片手ではどういう音がするか。この片手の音を聴け」という問題です。これは坐禅の専門的なことになるので、なかなか難しくて上手く説明できませんけれども、これによってそれまでの禅の問答よりも非常にわかりやすくなりました。

というのも、それまでの公案は中国の言葉でやっていたのです。それを白隠禅師は「片手の声を聴いてこい」とか「空の星の数を数えてみろ」とか「庭の松の葉っぱは何枚あるか」とか「一昨日吸った煙草の吸い殻を拾ってこい」とか「我々は天之御中主神《あめのみなかぬし》の子孫である。天之御中主神の姿はどうであるか」というように、日本の易しい言葉で禅の問答を始めるようにしたのです。

そのようにしてまず専門の修行僧たちをどのようにして導いていったらいいかということに目覚めていった。それが法華の真理を悟ったという意味であると私は見ています。

◉白隠禅師が延命十句観音経を弘めようとしたわけ

白隠禅師の特徴として、他の方と違って大本山の奥にいる人ではなかったということがあります。東海道の街道筋にあるお寺にいましたから、地元の農家の人たちとも極めて近いところにいたわけです。江戸時代は戦乱の時代ではありませんが、しかし農家の人たちは年貢の取り立てが厳しく、それほど裕福ではありませんでした。そういう村の人たちの様子が白隠禅師には見えていたと思います。

白隠禅師は六十一歳のときから延命十句観音経を弘め始めますが、その少し前に、後に自らの後継者となる東嶺和尚が白隠禅師のもとに来ています。

この東嶺和尚が、修行を終えて白隠禅師の後継者となってゆくにつれて、修行僧の指導をだんだんと東嶺和尚にまかせて白隠禅師の目は外の世界へと向けられていったのだと思います。そのときに白隠禅師の目に映ったのは、苦しんで生活している農家の人たちなどの衆生の姿ではなかったかと私は考えています。

しかし、そういう人たちに坐禅や禅問答をやれといっても無理な話です。ではどうしたらいいか、皆で読めるような短いお経はないかと考えたときに「延命十句観音経があるじゃないか」と気づいて、このお経を弘めようとしたのだと思います。

そういうわけですから、ひとつの問題に対する悟りはひとつなのです。しかし、問題はひとつとは限りません。白隠禅師の場合、お寺の世界の自分の問題が片付いたら、今度は外の世界の問題が見えてきた。そのようにして悟りというものが深まり、広がっていったというのが私の見方です。だから何度も悟られたのだと思います。

晩年になると、白隠禅師の啓発もあって皆が延命十句観音経を唱えるようになりました。亡くなった人のところへ行って延命十句観音経を読めといったのはなぜなのか。人が亡くなってしまったら取り戻すことはできないけれども、何もなくただ悲しんでばかりいたら気持ちが変になってしまいます。特に我が子を亡くしたりすると気が狂ってしまうこともある。そういうときに何か読むものがあると、人間の心はいくらかでも違ってくるのです。だから、そういう勧めをしたのだと思うのです。

それと似たような経験を私もしています。震災の年に和歌山の田舎で大水害があり大勢が亡くなりました。それで大きな慰霊碑を造り、私も一周忌のときにお経を読みに行きました。私がお経を読みに行くというので地元の人たちは随分大勢集まってくれました。そのときに思ったのですが、日本人の心にはどこかに「お経を読んでほしい」という気持ちがあるのです。

私が行く前に市が慰霊祭を開いたそうですが、市の慰霊祭だと無宗教でやらなくてはなりませんから、お経はあげられません。

私が行ったときには地元の臨済宗の和尚さんたちも来てくれました。私はいつも延命十句観音経のプリントを持っているので、それをコピーして皆に配りました。延命十句観音経は皆で読めるというのがいいところです。般若心経のような難しいお経だとちょっと読めませんが、延命十句観音経は短いので「皆でこれを唱えましょう」といって参列者と一緒に唱えました。

その中に一人、ご主人が救助活動中に殉職されたというご婦人がおられました。これは悲しい話です。皆のために一所懸命尽くしていて亡くなってしまったのですから。その奥さんに私は何も声をかけられなかったのですけれど、「延命十句観音経を読んでください」と色紙をさしあげました。

　去年の夏、ちょうどそのときから三年になるものですから、私の出版した延命十句観音経の本と手紙にお線香を添えて一緒にお送りしました。そうしたら丁寧な手紙が返ってきました。その手紙にはこう書いてありました。

「あのときに延命十句観音経を教えていただいて毎日唱えるようになりました。延命十句観音経を毎日読ませていただいたお蔭で、今日こうして生きていくことができるようになりました。ありがとうございました」

　さらにこうも書いておられました。

「自分がああいう体験をしたお蔭で、今は人の苦しみがわかるようになりました。今まではテレビでよその災害のニュースを見ても何か人ごとのようにしか思えませんでした。それが今は人の苦しみを我がことのように感じられるようになってきました。そしてどれだけ多くの人に支えられて今があるのか。そのお蔭を思えば、これから私自身も人々の支えになれるように頑張っていきたいと思います」

　この手紙を読んで驚きました。そして感動したのは、亡くなったご主人が作っていた田んぼにヒマワリを植えて、田んぼ一面にヒマワリが咲いている写真を同封してくださったことです。

この方との出会いはたった一回です。私はそのときに「残された者は明るく生きることです。明るく生きることこそが亡くなった方への供養です」と話しました。その方は「あのときにお話しいただいた言葉を唯一の支えに今日まで頑張ってきました」というのです。こういう手紙をいただいたとき、延命十句観音経は本当にいいものなのだと確信しました。

そういう普通の生活を送っている人に、坐禅をして悟りを開けといっても難しい話ですが、延命十句観音経ならば誰でも読めるのです。泣いてばかりいるよりも「観世音南無仏……」と唱えれば、お経の力がその人を救うのです。

その当時、平戸藩の松浦静山公の日記の中に、近頃江戸の町では延命十句観音経というのが非常に流行っていて町の人たちが読んでいると書かれているそうです。それほど広く知られていたということでしょう。

禅というものは一般の人たちからは遠いところにあって、一部の人にしかできないものでした。それではいけないと白隠禅師は気づかれたのでしょう。だから六十歳になり、自分の後を託せる優秀な坊さんが来てからは、延命十句観音経を弘めることに専心していったのでしょう。

先に述べた皆で病人を取り囲んで延命十句観音経を読むと病気が治るというのは、一理あると私は思っています。遺伝子研究で有名な村上和雄先生は、一心に祈ることによって遺伝子のはたらきが活性化するといっておられます。それならば、「もうこの子は死んでしまう、だめだ」と思うよりも、みんなで取り囲んで延命十句観音経を唱えれば、ひょっとしたら遺伝子のはたらきが活性化して、命を取り留めることもあったかもしれないと思うのです。そういうことを昔の人は体験から知ったのではないでしょうか。

それは白隠禅師の悟りというものが深化して広がっていったのではないかと思います。

◉自ら地獄の菩薩になる決意を表した南無地獄大菩薩

最後に南無地獄大菩薩について触れておきます。白隠禅師は地獄の恐怖からいかに逃れるかというのが修行に入るきっかけでした。我々は地獄の話を聞いたところで他人事のように思いますが、感性が鋭かった白隠禅師は自分は虫を殺したことがあるとか、魚釣りに行って魚を殺したというようなことを思い出し、それを自分の罪と思ったのでしょう。

それが修行の第一歩となったという意味で、地獄のお蔭で今日の自分があるという気持ちを抱いていたのかもしれません。それが南無地獄大菩薩という言葉に含まれているという見方もできるように思います。

しかし私が思うのは、南無地獄大菩薩とは究極にいうと「地獄に下りていく菩薩」を表しているのではないかということです。

ある人が「地獄に気づく人は少ない」と言いました。白隠禅師の時代は歴史区分からいえば元禄文化の真っ只中です。歌舞伎などの演劇も盛んに行われた平和な時代でした。まさに地獄のことなど誰も考えていなかったに違いありません。

しかし、白隠禅師は民衆の近くにあって、年貢が納められなくて一家心中をしたような人の話を身近に聞いていました。そうした問題を大名に直訴もしていますし、幕府批判をした本を書いて禁書になったりもしているのです。あの気海丹田の話もそうです。気海丹田とは人間の重心を下に収めることが大切だといっているのですが、これに喩えて「藩主たる者も心は下に置かなければいけない。その下とは民である」というようにいっています。民衆に重きを置くということを腹に力を入れることに喩えて説いているのです。

こうしたことを説くほど、白隠禅師は民衆の地獄の苦しみの声を直に聞いていたのです。そして自らその地獄に下りていきました。ここが偉いところです。地獄絵の最後の場面は、お地蔵さんが地獄の世界に下りていく姿を描いています。江戸時代は平和な時代というかもしれないけれども、民衆は苦しんでいる。年貢が払えずに身内を亡くした人もたくさんいる。白隠禅師はそういう人の地獄の苦しみに気がついて、自らその地獄に下りていって自分が地獄の中の菩薩になろうとなさった。この決意が南無地獄大菩薩だと思うのです。

白隠禅師そのものは地獄に気がつき、自らは地獄の苦しみから逃れたのですが、目を外に向けて再び地獄に目覚めて、今度はその地獄の中に自分が下りていこうとされたのです。それが白隠禅師の生涯を貫いた禅だというのが私の見方です。

◉今もなお求められている白隠禅師の教え

白隠禅師の教えの最後は四弘誓願です。

衆生《しゅじょう》無《む》辺誓願度《へんせいがんど》　地上にいるあらゆる生き物をすべて救済するという誓願
煩悩《ぼんのう》無《む》尽誓願断《じんせいがんだん》　煩悩は無尽だが、すべて断つという誓願
法門《ほうもん》無《む》量誓願学《りょうせいがんがく》　法門は無量だが、すべて学ぼうという誓願
仏道《ぶつどう》無《む》上誓願成《じょうせいがんじょう》　仏の道は無上だが、必ず成し遂げようという誓願

これはいろいろな訳をしている人がありますが、要するに「人々の苦しみというのは尽きることはない。だから自分も修行はこれで終わりということはないんだ」といっているのです。生身の人間が現実に苦しんでいる、そういう人がいる限り、どこまでも修行を続けていくというのが白隠禅師のお考えなのです。

この中に「法門無量」とありますが、白隠禅師という方は生涯をかけて膨大な書物を書き残しています。これは生涯をかけて学び通していった証《あかし》です。そして「仏道無上」ですから、もうこれでいいという終わりはない。だから、ずうっと深化し続けていったのです。そういう生涯を貫いたのが白隠禅師です。そこに白隠禅師の素晴らしさがあります。

白隠禅師は総数が把握できないほどの絵画も書き残しています。理解し難い絵もあればまるで漫画のような絵もあります。見つかっているものだけでも何万点もあるのですが、専門家に聞くとまだまだ未発見のものがたくさん出てくるだろうということです。

これらの絵もおおよそ六十、七十以降に描き始めています。つまり、民衆に目が行き始めた頃です。そう考えると白隠禅師は、民衆には楽しみも少ないし、少しでも自らの教えを広めたいという一心で、これほど膨大な絵を描き続けたのではないかという気がします。まさしく「衆生無辺誓願度」という思いだったのではないでしょうか。

これが白隠禅師のご一生涯、特にこの地獄についての私の見方です。これは松原泰道先生が「自分が死んだ日は彼の土でする説法の初日だ」あるいは「地獄の説法の第一日目です」といわれたのと同じことだと思います。

南無地獄大菩薩というのは面白い言葉です。驚くような言葉です。地獄から逃れるだけじゃない、地獄に下りていくんだといっているのです。

白隠フォーラムという催しがあって、私も何回か話をしています。過日はこの南無地獄大菩薩に触れて、現代も地獄であると気がついている宗教家は何人いるのかという話をしました。

平成の時代は空襲もないし、文化も発達しているし、平和な時代といっていいでしょう。しかし、ご承知のとおり、年間に自殺する人がようやく三万人を切ったとは言え、まだ二万何千人もいます。いじめとか、登校拒否だとか、引きこもりだというような問題を見ると、これはまさに地獄です。そういう地獄に自ら下りていって何とかしようという気持ちが南無地獄大菩薩という言葉ではないでしょうか。その意味では、今もなお白隠禅師の教えが求められていると私は思っています。

第五講

誠拙周樗——円覚寺中興の祖

堕落した禅宗と僧堂の再興に二十七歳の若さで取り組む。人のために尽くすことを我が務めとし、誰をも分け隔てなく見る怨親平等の思想を大切にした。

◉円覚寺の再興に尽力した誠拙禅師

今回お話しする誠拙周樗禅師（一七四五〜一八二〇）は資料も少ないのですけれども、白隠禅師と比べると目立たぬ静かな禅僧といえます。白隠禅師は他の禅僧たちとは全くかけ離れた生命力に溢れています。なんの世界でも、そういう傑出した方が出てきてその世界が活性化していく傾向がありますから、その意味での白隠禅師の功績が大きかったのは確かです。

誠拙禅師と白隠禅師の字や絵を見比べてみれば一目瞭然ですが、誠拙禅師は禅本来の清虚さがあります。一方の白隠禅師は気力の塊のような字や絵です。

ただ、この誠拙禅師という人も非常に魅力のある人で、円覚寺の中興、つまり円覚寺を再興した方です。最初は北条家、室町時代には足利家の帰依を受けながら江戸時代に入ってきて、一応江戸幕府も支えてはくれていたのですが、だんだんと衰退していきました。

その原因については前にも触れましたが、江戸時代になるとキリシタン禁制にあわせてお寺をたくさん作り、檀家制度がとられるようになりました。これによってお寺に各戸の戸籍を管理させて、キリシタンに改宗しないようにさせたわけです。しかし、お寺が増えるということは、お坊さんの数も増えるわけですから、しばらくするとさまざまな問題も起こるようになりました。それ以前は、お坊さんになるのはよほど優れた人だけだったのです。戦国時代は別にして、昔は生まれた家の身分を超えて偉くなるにはお坊さんになるしか手がありませんでした。だから「この子は出来がいい」というと、お寺に入れたのです。お寺で学問をして修行をすれば、身分に関係なく偉くなれたのです。

そういうわけで、昔は立派な人がお坊さんになったのですが、数が増えて人物も劣っていきました。それからまた、組織が大きくなることによって、停滞し、退廃していったのです。そういうふうに退廃していったということを我々、寺の歴史ではあまり言いません。都合の悪いことは表沙汰にしません。でも現実は、白隠禅師のところでお話ししたように、あれほど日本全国を歩いて修行をした人が鎌倉の円覚寺や建長寺には一遍も来ませんでしたし、京都の妙心寺や大徳寺や南禅寺に行ったことも一遍もなかったのです。純粋に修行しようという人にとって、鎌倉や京都の大きなお寺は魅力が感じられない場所になっていたのでありましょう。

特に本山というのはいろいろな寺がたくさんあります。塔頭《たっちゅう》といいますが、たとえば夢窓国師という偉い人がいたから夢窓国師をお祀りするお墓を造って、そのお墓をお守りする人たちが集まる小院のようなものができるのです。ところが、造った当初は真面目にお守りしているのですけれども、だんだん修行も怠りがちになりました。江戸時代のそんな時期に誠拙禅師が出てきたのです。

そういうお坊さんの堕落した様子を見て、これではいけないと思う人が何人か現れました。たとえば、仏日庵の東山周朝和尚や夢窓国師を祀った円覚寺塔頭の黄梅院《おうばいいん》の手前下にある続燈庵《ぞくとうあん》という塔頭の実際法如和尚がそうです。あるいは武蔵国永田宝林寺の月船《げっせん》和尚、それから新潟の関興寺という大きなお寺の大随和尚など数人が危機感を覚えて動き出しました。どんな組織でも一人では変えられませんが、二、三人の志を同じくする者があればなんとか立て直しが利くものです。円覚寺もその二、三人の人たちがもう一度修行道場として復活をさせようと立ち上がり、そこで白羽の矢が立ったのが誠拙禅師だったのです。そのとき誠拙禅師は二十七歳でした。わずか二十七歳の若さで将来の円覚寺を託されるのです。

◉殿様の頭をポカリと叩いた小僧時代

まず誠拙禅師の一生の歩みをご紹介していきたいと思います。生まれたのは四国の宇和島です。延享二（一七四五）年といいますからもう江戸時代も後半です。父親は鍛冶屋を営んでいました。庶民の出です。これも私が誠拙禅師を親しく思うひとつの理由です。

しかし、三歳のときに父親が亡くなります。その後、お母さんは藤井家という別の家に嫁いでいきます。再婚したわけですが、これはやむを得ないところでしょう。ところが嫁いだ先で子供が生まれます。そうすると連れ子の誠拙禅師は立場が非常に難しくなってくる。その結果、七歳のとき、寺に預けられることになるのです。このお寺を仏海寺といいます。

こういう場合、子供心は複雑です。誠拙禅師もそうでした。仏海寺にもらわれたのが数え七歳で、この年に霊印不昧和尚について出家します。しかし、自ら求めた出家ではなく家庭の事情によるものでしたから、誠拙禅師は複雑な感情を抱いていたようです。ヤンチャな手に負えない小僧であったという話が、伝記の中にはちょいちょい出てきます。

宇和島という場所は文化が盛んな土地柄です。私も何回か行きましたけれど、宇和島城というのが重要文化財になっています。お庭も立派です。宇和島藩の初代藩主は伊達秀宗という人ですが、この人は伊達政宗の息子です。仙台の伊達家は力がありましたし、文化も盛んでした。その流れを汲んで、宇和島も文化的な土地柄になったのでしょう。

この、宇和島藩から伊予吉田藩という藩が分派してできます。この伊予吉田藩の菩提寺を大乗寺といいます。詩人の坂村真民先生が坐禅に行ったお寺です。

誠拙禅師が預けられた仏海寺に伊達の殿様がやって来たことがあります。小僧の誠拙禅師が殿様の按摩をしたところ、「お前はよくやってくれるな。今度来るときはおみやげを持ってきてやろう」とお褒めの言葉をもらいました。そして次に殿様がやって来たとき、按摩をしながら「殿様、おみやげは？」と誠拙禅師が聞くと、殿様は約束を思い出して「あ、しまった、忘れていた」と答えました。すると誠拙禅師は「武士のくせに嘘をつくとは何ごとか」と、殿様の頭をポカッと殴ったというのです。和尚は平身低頭で殿様に謝りますが、このような話があるぐらい手に負えない子供だったようです。そのために、お母さんが何遍もお寺に呼ばれました。子供が言うことを聞かないとお母さんが呼ばれるのは今も昔も同じなのです。

去年、誠拙禅師の預けられていたお寺と藤井家のあった場所に行く機会がありました。どれぐらいの距離があるのかと思ったら二十キロ以上も離れていました。今は舗装された道がありますから自動車ですぐに行けますが、二十キロを歩いて往復するのは一日仕事だったでしょう。お寺に謝りに行くお母さんも大変だったろうなと思います。

◉月船禅師から見込まれて円覚寺へ送り込まれる

お寺に貰われた誠拙禅師は十六歳の頃から修行の旅に出ます。最初に訪れたのは、豊後福聚寺というお寺。豊後は今の大分県です。ここにある福聚寺の東巌和尚について、無字の公案に参じます。この無字の公案は『無門関』第一則「趙州無字の公案」のことで「無とはなんであるか」という問いに答えるというものです。臨済宗では、誰でも皆ここから本格的な修行が始まります。

その後もいろいろなお寺に参禅しますが、二十歳のときに武蔵国永田宝林寺東輝庵月船《げっせん》禅師に参じます。永田というのは地名ですが、宝林寺というお寺は今も横浜の保土ヶ谷にあります。この月船禅師という人は正受老人と生き方が似ているところがあり、四十三歳で宝林寺の中に東輝庵という小さな庵を造って住んで、生涯そこを出ませんでした。しかし非常に優れた人だというので、全国から大勢の修行僧たちが集まりました。誠拙禅師もその一人だったのです。そこで修行した兄弟弟子に仙厓《せんがい》和尚がいました。同時代の白隠禅師と並び称せられる飄逸《ひょういつ》とした絵を描く和尚さんで、東京の出光美術館でよく仙厓展が開かれています。仙厓和尚は月船禅師のところで一緒に修行していて、誠拙禅師とは非常に仲が良かったようです。

東輝庵で二十歳から修行をして七年、二十七歳になった誠拙禅師に大きな転機が訪れます。月船禅師のもとに円覚寺から使者が来るのです。その当時、白隠禅師が正受庵を訪ねて行ったように、京都や鎌倉の五山の本山が廃れている反面、地方には優秀な禅僧が隠れ住んでいました。円覚寺には、この永田の宝林寺というお寺に小さな庵を構えていた月船禅師のところに優れた修行僧がたくさんいるという情報も入っていました。だから使者を送って、その中から誰かを円覚寺に寄越してほしいと月船禅師に依頼をしたわけです。

月船禅師の御眼鏡にかなったのが誠拙禅師でした。「お前が円覚寺に行け」と月船禅師は誠拙禅師に命じました。誠拙禅師は四国からわざわざ修行にやってきた人ですから、相当優れた人だという評判もあったのでしょう。

誠拙禅師は師匠に命じられるまま円覚寺に行きます。ところが円覚寺に行ってみると、僧があまりに堕落した状態で、坐禅の道場とはほど遠い様子に愕然《がくぜん》とします。それですぐにお師匠さんのところに帰ってきてしまいます。

「どうしたのだ?」と聞く月船禅師に、誠拙禅師は「かくかくしかじか、円覚寺はひどいところです。とても禅の修行道場とは言えません」と、さんざん悪口を言いました。一通り話を聞き終わると月船禅師は一言、「見損なった」と。誠拙禅師は俊敏な人ですから、その一言で月船禅師の意図を理解しました。「そういうひどい場所だから、あなたでなければ再興はできないと期待したのだ。それなのに駄目だ駄目だと愚痴ばかり言う。私はあなたを見損なった」と師匠は自分に言っているのだ、と。もちろん月船禅師はそんな説明はしていないのですが、「見損なった」という一言で誠拙禅師さんはハッと気がついて、そのままお寺に上がらずに円覚寺に戻っていくのです。

寺の言い伝えでは、その後、誠拙禅師は十年かけて円覚寺の修行道場を再建していきます。改革するといっても、いきなり堕落している僧たちに「坐禅せい」と言ったところで相手にされないばかりか自分が追い出されるだけだと考えて、最初は皆の湯のみ茶碗を洗い、煙草盆の掃除をするというようなところから手をつけていきました。

志を胸に秘めて、それを表に出さず少しずつ改めていったのです。三島の龍澤寺を再興し白隠禅師の再来と呼ばれた山本玄峰老師の教えに「目立たぬように際立たぬように」というものがあります。誠拙禅師がしたことは、それと同じでしょう。人間にはいろいろ考え方があって、かくあるべきだと声高に叫んで事態を動かしていくという人もあります。そういう人は敵も多いし、苦労も多いでしょう。そういう生き方を否定するわけではないのですが、玄峰老師は「目立たぬように際立たぬように。その人がいると何か知らないけれどもいい方向に進んでいる、気がつかないうちにうまく事が収まっている。人間はそういうふうにいかなければいけない」と言われたのです。私もそういう生き方をしたいなと思っています。

禅語に「潜行密用《せんこうみつゆう》」とあります。潜《ひそ》かに行いながら密かに用いていく、という意味です。「潜行密用、愚の如く魯の如し」というのですが、まるで「バカじゃないか」と思われるけれど、その人がいると何か知らないけれどもうまく事が進んでいって、気がついたら「あっ！ あいつの力があったのか」とわかる。誠拙禅師はそのようにして修行道場を再建していったというわけです。

◉紀州の興国寺と鎌倉の円覚寺を結ぶ不思議な縁

そうして十年が経ち、三十七歳のときに円覚寺僧堂前版職に任じられます。前版職というのは今日で言う師家の立場、すなわち修行道場の指導者についたのです。当時の円覚寺にはまだ舎利殿ぐらいしかなく、坐禅をするお堂も読経をするお堂もありませんでした。そこで誠拙禅師は円覚寺塔頭の正伝庵にお住まいになって、修行道場で雲水たちの指導をするのです。

その後、坐禅堂を建て、四十一歳のときには正続院《しょうぞく》内に一撃亭《いっきゃくてい》というお客様を迎えたり、日常の禅問答をする建物を新築します。そして、仏光国師（無学祖元）が亡くなって五百年の大遠諱を務めて、ようやく修行道場としての面目を達成するわけです。

和尚さんとしての一大事業を成し遂げたわけです。

その翌年、四十二歳のときに一度、四国に帰ります。自分をお坊さんにしてくれたお寺（これを受業寺《じゅごうじ》といいます）である仏海寺に帰るのです。今でも宇和島に行くには飛行機で松山空港に降りてから在来線に乗ってかなりの時間がかかります。昔はなおさらで、そう簡単に行き来できるような場所ではなかったでしょう。誠拙禅師も故郷に戻ったのは二回きりでした。この四十二歳のときが最初で、五十三歳のときにもう一度帰省しています。このときは仏海寺で『碧巌録』という禅の書物を講義しています。円覚寺の老師になって、七歳のときに出家したお寺で禅の講義をするというのですから、これは非常に誉れあることで、故郷に錦を飾るというような感じだったに違いありません。

その二度目の帰省を果たした年の秋、誠拙禅師は紀州の由良というところにある興国寺に行きます。どういう関係で紀州に行ったのかはいまだわかっていないのですが、この時代、いかに誠拙禅師という方が重んじられていたかということの証であると思います。

この興国寺は私が最初に参禅をした目黒絶海老師という方がいらっしゃったお寺で、臨済宗では大変に格式の高いお寺です。開山は法燈国師という方ですが、この方には一遍上人が参禅をしています。一遍上人は法燈国師に参禅をして念仏の眼を開くのです。

私はこういうところに縁のつながり、不思議というものを感じます。一遍上人は私の生まれ育った熊野で念仏の教えを受けて、私が初めて老師について参禅をした由良の興国寺の開山について参禅をしています。そして誠拙禅師もなぜか、由良の興国寺で開山禅師の五百年諱という大行事を務めているのです。

この興国寺開山の法燈国師も素晴らしい人です。信州に生まれて九十幾つまで生きていると思いますが、六十歳になって信州からお母さんをお寺に引き取るのです。そのときに信州から由良まで、お母さんの手を引いて、足が疲れたら背中に背負って連れてくるのです。今はどこのお寺でも家族が一緒に住んでいますが、あの時代は身内のものは置けませんでした。そこで法燈国師は寺の門前にお母さんを住まわせて、毎朝必ず寺のご自分の部屋から歩いてお母さんの住まいまで行って、孝養を尽くしたというのです。

由良の興国寺というのは大きなお寺ですから、門前に出るまでには結構な距離がありますす。それを毎朝、お母さんが亡くなるまで続けて、亡くなった後はそこへお墓を造って、自らが九十数歳で亡くなるまで毎朝裸足になって墓参をしたといいます。最近は親がずっと傍にいるのを負担に思う若い人たちが多いそうですが、ある程度の距離感を保っていると、親のありがたみというものがよくわかるものなのかもしれません。

ご開山さんというのは、お寺の一番大事な場所にお祀りします。仏光国師の開山堂もお寺の一番奥にありますけれど、由良の興国寺でも一番奥に法燈国師をお祀りしていま す。そして、その横にお母さんのお墓があるのです。これは異例です。ご開山の母親と いっても在家の人ですから、普通はそういうふうに並べたりはしません。しかし、法燈 国師がお母さんの孝養を尽くされたというので、その隣にお墓を移されたということの ようです。このように親を大切にする高僧というのはたくさんおられます。

そしてまた、興国寺も鎌倉と縁があります。というのも、このお寺は源実朝公を追悼 するために建てられたものなのです。これはなんとも不思議な縁です。実朝公という人 は仏教に対する関心が非常に篤くて、側近の家来を中国に派遣し、仏教の勉強をさせよ うとしています。しかし、その計画の途中で実朝公は鶴岡八幡宮で暗殺されてしまいま す。それを聞いた家臣は中国へ行くのを取りやめて、主君の供養をしたいと高野山で出 家をしました。そのことを北条政子が知って、高野山に近い由良の地を与えて実朝公を 追悼するための寺を建てたのです。それが由良の興国寺です。そして鎌倉に縁の深い誠 拙禅師がここを訪れています。

この円覚寺の舎利殿には、仏舎利を招来した実朝公の位牌が納められています。です から縁というもの、巡り合いというものは誠に不思議です。重々につながり合っている のです。

◉亡き母の供養のため七十歳になって西国三十三所巡礼に挑む

誠拙禅師は紀州の興国寺で法燈国師五百年大遠諱という大行事を行い、翌年（寛政十年／一七九八）、五十四歳のときに、紀三井寺と那智山青岸渡寺に安置されている両観音様をお参りしています。観音様に対する信仰も非常に篤かったのだろうと思われます。

さらに六十二歳になると、武蔵国山田、現在の八王子にある廣園《こうおん》寺で開山禅師の四百年大遠諱という大行事を行います。こういう大遠諱を務めるというのは、普通は一代で一回当たればいいぐらいのもので、一回も当たらずに終わる人もいるのですが、誠拙禅師は最初に仏光国師の五百年大遠諱をやり、次に法燈国師の五百年大遠諱をやり、さらに廣園寺の開山禅師の四百年大遠諱を執り行っています。これは異例中の異例といっていいでしょう。そして、廣園寺に僧堂を開単《かいたん》（修行道場を開くこと）しました。ここは今でも臨済宗の修行道場のひとつになっています。

昨年、この廣園寺を訪ねたところ、誠拙禅師の大きな位牌を作ってお祀りしていました。「うちの寺は誠拙禅師のお蔭です」と言って、円覚寺から来たというとお寺の人が歓待してくださいました。八王子でもこのように大切に祀ってくれているのかと感激しましたが、よほど誠拙禅師に徳があったということなのでしょう。

六十三歳のときには円覚寺の隣にある建長寺で大応国師という方の五百年大遠諱が行われますが、ここにも誠拙禅師は招かれています。建長寺に管長がいればその人がやるのが普通ですが、なぜか誠拙禅師が務めているのです。その詳しい理由はわかりません。

六十四歳になると、三十七歳からずっと続けてきた修行道場の師家を清蔭音竺《せいいんおんじく》という弟子に譲ります。当時の六十四歳ですから、今とは違ってかなりの高齢であろうと思います。譲ったあとは、山ノ内の伝宗庵に移って隠居をします（この場所は今、北鎌倉幼稚園という幼稚園になっています）。さらに横浜の金井という、今でも周りに田んぼや畑のあるのどかなところにある玉泉寺というお寺の中に不顧庵《ふこ》という小さな庵を造って隠居をしておられました。

普通ならば人間の一生というのはそれで終わるところです。ところが誠拙禅師はそれで終わらない。そこが素晴らしいところです。明くる年の冬に京都の相国寺から招かれます。京都の相国寺というのは現在、京都御所、同志社大学の隣にありますが、これは夢窓国師開山のお寺で京都の大本山のひとつです。

六十五歳のときに誠拙禅師はこの相国寺に招かれて行って、夢窓国師の『夢窓録』という語録を提唱しています。ということは、そこで修行僧の指導をしているわけです。そのあといったん鎌倉に戻るのですが、六十九歳になると今度は天龍寺に招かれて『碧巌録』の提唱をします。天龍寺も夢窓国師開山のお寺です。誠拙禅師は円覚寺にいらっしゃった夢窓国師との縁を非常に大事にしているのです。

そして七十歳、ここが私の感動するところですけれども、九十九歳まで生きたお母さんが亡くなります。今でも九十九歳まで生きるのは大変ですが、当時の九十九歳というのはとんでもなく長命です。お母さんが亡くなったとき、誠拙禅師は七十歳です。江戸時代に七十まで生きるのも大変です。その人の親が生きていたというのはちょっと信じられないぐらいですが、これは事実です。お母さんが八十八歳の米寿を迎えたときのお祝いの手紙が現存しているところからも間違いありません。

誠拙禅師は七十歳のときにお母さんを亡くすと、母の菩提のために西国三十三の札所を回り始めるのです。西国三十三札所というのは、第一番の熊野の那智山寺から始まって、二番が和歌山の紀三井寺、十六番に京都の清水寺、二十六番に兵庫の一乗寺、三十番に滋賀の宝厳寺、そして三十三番が岐阜の華厳寺と、非常に広範囲に渡ります。車で回るのも大変なほどですが、車のない時代は大変な苦労であったでしょう。それでも、お母さんの供養のために、翌年七十一歳になるまで二年がかりで回るのです。

当時の七十といったら今であれば九十ぐらいの感じでしょう。もちろんお供はあったろうと思いますが、旅の途中に円覚寺から帰ってきてくれとたびたび手紙が来たのにもかかわらず、一度も鎌倉に帰らずに、西国三十三札所を回るのです。母を大切にした誠拙禅師がその死を悼んで詠んだ歌が三首残っています。

なき母を悲しみて
おとつれていさめたまひしことのはのふかき恵みをくみて泣《なき》けり
また
子を捨てし親のこころを忘れなば奈落《ならく》は袈裟《けさ》の下にこそあれ
また
たらちねのながきわかれの手向《たむ》けにはいやつつしまん我身《わがみ》ひとつを

高僧方に共通している点は母を思う心です。仏光国師はお母さんに対して三十歳から三十七歳まで孝養を尽くしました。由良の興国寺の法燈国師は、六十を過ぎてお母さんを興国寺に迎えました。この誠拙禅師もお母さんのために西国三十三所巡礼を行いました。皆、母思いです。

最初の歌の「おとつれて」というのは「訪ねてきて」という意味です。「おとつれていさめたまひしことのはのふかき恵みをくみて泣けり」というのは幼い頃の話です。最初に話したように、自分がお寺で悪さをするたびにお母さんが呼ばれました。おそらく誠拙禅師は寂しかったのでしょう。ちょっと悪さをすればお母さんが来てくれるという気持ちもあったのだろうと思います。それを七十歳になって思い返して歌にしているわけです。

お寺から呼ばれたお母さんは、仕事を休んで二十キロという山道をてくてく歩いて私のいる寺まで訪れて私を諌めてくれた。そのときの言葉の一つひとつを思うと、「ふかき恵みをくみて泣けり」と。七十の大禅師が幼い頃の思いを詠ういい歌です。

次の「子を捨てし親のこころを忘れなば奈落は袈裟の下にこそあれ」というのもいい歌です。最初はお寺に預けられたとき、自分は捨てられたと思って親を多少恨んだ気持ちがあったのでしょう。しかし年をとってきて、自分の子供を寺に預けざるを得なかった母の気持ちがわかるようになったのです。そして、「ああ、自分を寺に預けざるを得なかったあの親の心をもし一瞬でも忘れたら、自分は地獄に落ちるぞ」と自戒しているのです。

そのときは悲しいつらい思いをしたけれども、年をとって母の気持ちがわかるようになった。それでやむにやまれない気持ちになって、母のために七十の老人が寺を離れて足かけ二年かけて西国巡礼をする。こういう話はぜひ何かのときに語りたい。胸を打ついい話です。

最後、「たらちねのながきわかれの手向けにはいやつつしまん我身ひとつを」というのは「母との別れに何を自分は供養としてできるであろうか、これからは我が身ひとつを謹んで坊さんとしての役目を務めていくしか母に対する供養はない」という歌です。誠拙禅師もう十分に功成り名を遂げているのですが、そんな方にして母の供養のために我が身ひとつを謹んで生きていきたいというのです。

こういう亡き母への思いを詠んだ歌を三首残しています。これが七十一歳のときです。

◉どんな権力者や金持ちにも一切おもねらない

西国三十三所巡礼を終えた誠拙禅師はようやく円覚寺に戻ってきます。その後は横浜の玉泉寺と行き来しながら静かに暮らしていました。ところが、最晩年の七十六歳のときに京都の相国寺から本格的な修行道場を建てたいという要請を受けて、再び京都に向かうのです。天龍寺もこの前に僧堂を再建していますから、京都も鎌倉と同じような状況であったわけでしょう。

京都にも僧堂の師家になるような人はいたと思われますが、乗り物のない時代にわざわざ鎌倉から七十八歳の誠拙禅師を招くということは、現実にはふさわしい人がいなかったのかもしれません。同時に、どれほど誠拙禅師が慕われていたかということもよくわかる気がします。

そのようなわけで、四月に相国寺に禅堂を開きます。円覚寺の坐禅堂は関東大震災でつぶれて今はもう宿籠殿という萱葺きの建物しか当時のものは残っていませんが、相国寺に開いた禅堂は今でも残っています。

同じ年、文政三（一八二〇）年六月二十八日、誠拙禅師は相国寺で亡くなります。まさしくこれはお釈迦様が旅の途中で亡くなったのと一緒で、もう自分のもとの居場所に帰ることなく、京都で禅堂を建てるために亡くなっていくのです。

誠拙禅師は、生涯を修行道場の再建に尽くした人ということができるでしょう。二十七歳で円覚寺に来て十年かけて修行道場を再建して、それだけでも一代の僧侶の功績としては十分ですが、廣園寺修行道場を再建する、京都の天龍寺を再建する、そして相国寺の修行道場を再建する。このように、一代で何人分もの働きをなさって亡くなりました。

その間に今、円覚寺にある山門も再建しています。関東大震災で円覚寺の建物のほとんどが倒壊半壊する中、この山門は無事に残りました。上が大きくて下は脚になっていて安定が悪いと思うのですが、不思議なものでなぜか壊れることなく残りました。何か計り知れない力が働いたように思います。

この山門再建について、誠拙禅師の人柄を物語る逸話が残っています。円覚寺の山門は非常に大きくて立派なものですから、再建するにあたっては大変なお金がかかりました。そのお金は誠拙禅師の信者であった深川のある材木商が金百両を寄進したといわれています。その寄進を受けるとき、誠拙禅師は「ああ、さようか」と言っただけで、「ありがとう」とも言わなかったそうです。それを不満に思った深川の材木商は「禅師にとってはこの程度の金と思われるかもしれませんが、私にとっては大変な思いをした寄進です。しかるに老師は一言のお礼もくださらぬのはいかがなものでござるか」と聞きました。すると誠拙禅師は鍋の蓋を手に取り、材木商に投げつけて「お前が善い功徳を積むのになんで私がお礼を言う必要があるのか！」と怒ったというのです。

多額のお金を寄進したのに怒鳴られるというのは割の合わない話のように思いますが、誠拙禅師に言わせれば「寄進をするのは自分が功徳を積むことであり、別に私から頼まれたからするものではない。それに対して私がお礼を言ってしまうと、むしろその功徳が減ってしまうじゃないか」ということになるのです。むしろ理想を言えば、誰にも知られずに功徳を積むのが一番なのです。誠拙禅師はそれを言いたかったのです。だから、どんな権力者や金持ちにもおもねることがありませんでした。これは自分によほど自信がないとできることではありません。また、人間関係もしっかりしていたのでしょう。腹が据わっているというのか、そういうことをはっきり言う人だから、また慕われていったのでしょう。この話は誠拙禅師の人柄をよく物語っています。

◉人のために尽くすことを我が務めとした人間的魅力

誠拙禅師が亡くなる一週間か二週間前に書いた遺言が円覚寺に残っています。

老僧二十七歳月船《げっせん》古仏《こぶつ》の慈愛を以て初めて円覚に登り、凡そ五十年間正続《しょうぞく》僧堂に在って只仏法を以て人の為にするを我が任と為す。

古仏というのは坊さんに対する最高の尊敬語です。昔の仏様のような素晴らしい人という意味です。最初はなぜ自分が円覚寺に送り込まれたのかという思いだったでしょう。しかし、それは月船禅師の慈愛によって円覚寺に来たのである、と。それから五十年間、円覚寺の僧堂にあって仏法によって人のために尽くすことを我が務めとした。「正続僧堂」というのは、円覚寺の修行道場を正続院というところから、円覚寺の僧堂の別名と言っていいでしょう。

円覚寺の僧堂にあって人のために尽くすことを我が務めとした——この一言は、誠拙禅師の生涯を端的に言い表しています。

円覚寺ができた当初は、円覚寺全体が修行道場でした。ところが誠拙禅師の来た時代はいろんな塔頭ができてしまって、全体を修行道場とするのは難しい状況でした。そこで、せめてご開山仏光国師をお祀りしている正続院の一角を修行道場に定めようとしたのが誠拙禅師だったのです。

その正続院に今北洪川禅師が来て、そこで修行したのが釈宗演禅師であるとか鈴木大拙といった方たちです。そういう方々が集まったというのも、もとをたどれば誠拙禅師のおかげと言えるでしょう。

出雲松江藩の殿様、松平不昧公《まつだいらふまいこう》（松平治郷）とも親交が厚かったようです。不昧公の書いた大きな書も円覚寺に伝えられています。この不昧公との交流については、頓知のきいた逸話も残っています。あるときに誠拙禅師が駕籠に乗っていて箱根の峠で松平不昧公の駕籠とすれ違ったというのです。不昧公は大名ですから「下に下に」と言いながらの大名行列です。誠拙禅師も駕籠に乗っていて、駕籠かきに「あれはどこの殿様だ」と聞くと「松江の殿様だ」という。旧知の仲ですから、お互いに駕籠と駕籠を寄せ合って窓を開けて「久しぶりだね」と挨拶をしたのです。

寒い時期だったらしく、不昧公は小さな炉の中に炭を入れて手を焙《あぶ》るようなものを持っていたそうです。おそらく懐炉《カイロ》の大きいようなものだと思われますが、それを誠拙禅師に見せて「禅師、この頃はいいものがある。これは暖かいですよ」と言ったところ、誠拙禅師は「なるほど、そういうものがあるんですか。ちょっと見せていただけませんですか」とお借りりした。

ところが、誠拙禅師はその懐炉を自分の手にしたと同時に「駕籠よ、進め」と駕籠かきに命じてそのまま走ってゆかせて懐炉をまんまと自分のものにしてしまったというのです。本当の話かと疑われそうですが、そのときの懐炉ではないかというものが円覚寺に伝わって今も残っています。

その他にも白河翁として知られる陸奥白河藩の松平定信公とも交流があったようです。誠拙禅師は非常に優秀で魅力のある方だったので、こういう方たちと交流を持つことができたのでしょう。目立たないところで一筋に生きたというのでしょうか。

●根底にあった怨親平等の思想

誠拙禅師は漢詩もたくさん残しました。いい和歌もたくさん残しています。誠拙禅師の歌として知っておいていただきたいのは「庭萩」という歌です。

草木《くさき》にもこころありけり　われ見よとけさ咲きそむる庭の白萩《しらはぎ》

（ああ、草木にも心があるじゃないか。私を見てくださいとばかりに今朝庭の萩が咲いているじゃないか）

これは坂村真民先生の世界に通じるような歌だと思っています。

それから夢窓国師や仏光国師に通じる怨親平等を感じさせる歌もあります。これには「ある人きたりて隣家《りんけ》の婦《ふ》死してまよひけるにやよなよな出て人をなやますといふを聞きすてがたくて水施餓鬼《みずせがき》よみける時」という説明がついています。隣の家の奥さんが亡くなって夜な夜な化けて出てくるので、みんなが困っていたというのです。どうもその旦那が不倫か何かをしていて、それを怨んで化けて出たようです。そのときに、誠拙禅師はこんな歌を詠んでいるのです。

つみあるも罪なき人もほとけぞとしればすなはち佛《ほとけ》なりけり

（罪のある者も罪のない者も皆同じ仏だ。そう思える人が仏である）

そういう歌を詠んで供養したというわけです。まさに怨親平等の思想といっていいでしょう。

「罪のある者も罪のない者も皆同じ」とはなかなか考えにくいのですが、そう思えるようになることが人としてのひとつの理想であるというのはそのとおりなのではないでしょうか。

第六講

今北洪川——至誠の人

明治初めの廃仏毀釈から寺院の伝統を守る一方で、修行者と為政者のものであった坐禅を広く一般の人々に開放した進取の気性を有した禅僧。鈴木大拙を禅の道に導いた人でもある。

◉鈴木大拙が禅と触れ合うきっかけとなった人

私はこうして円覚寺におりますから特別に今北洪川老師（一八一六〜一八九二）のことを思うということもあるのかもしれません。しかし、自分が円覚寺で習ったことを抜きにしても、一禅僧としての洪川老師には魅力を感じ、大変な方だと尊敬しています。

今日、日本国内でも坐禅をする人が非常に増えて、海外でもアメリカやヨーロッパの人たちが禅をZenと書いて坐禅をするようになりました。それはひとえに仏教学者の鈴木大拙という人が禅の書物を英訳してアメリカやヨーロッパに紹介したことによります。それから急に禅は欧米に広がっていきました。

鈴木大拙は哲学者の西田幾多郎と同じ年の生まれです。ともに郷里は石川で、ともに坐禅をしています。西田幾多郎もこの円覚寺の黄梅院に下宿をしていたそうですが、大拙も学生時代にここに坐禅をするために来ています。そのときに洪川老師に出会ったことが、鈴木大拙が禅の道に進むきっかけになりました。それについて大拙は『今北洪川』という著書に次のように書いています。

「著者が老師にお目にかかったのは、確か老師示寂の前年であった。自分は二十を越えたばかりの書生であったのみならず、世間のことなどについては全くの無経験者であったので、円覚寺の居士寮に落ちついたときなどは妙な心持であった」

居士というのは一般人で修行をする人のことです。今は戒名に「何々居士」とつけますが、もともとは一般人だけれども修行していた人に対して生前に居士号というのを与えていました。キリスト教の洗礼名のようなもので、ある程度坐禅をすると何々居士という名前をもらうのです。「大拙」もそうで、大拙居士という居士号を早くからもらっています。

その居士号がやがて亡くなった後の戒名になっていったわけです。戒名というのは、生前に居士号を授けるご縁がなかったから、やむを得ず亡くなった後に戒名として授けるということになっているのです。

「……洪川老師は奥から出てこられた。今日もそこに懸けられてある油絵の額でもわかるように、老師は堂々たる体軀の持主であった。自分は何を言って、老師は何と言われたか、今全く忘れているが、ただ一事あって記憶に残る。それは老師が自分の生国を尋ねられて、加賀の金沢だと答えたとき、老師は『北国のものは根気がよい』といわれた。

『大いにやれ』と励まされたか、どうかは今覚えていない。そのとき老師の人格からどんな印象を受けたか、それも今覚えが無い。今覚えているのは、いつかの朝、参禅（注：この場合は老師と問答することです）というものをやったとき、老師は隠寮の妙香池に臨んでいる縁側で麁末な机に向かわれ、簡素な椅子に腰かけて、今や朝餉をおあがりになるところであった。それが簡素きわまるもの。自ら土鍋のお粥をよそって、お椀に移し、何か香のものでもあったか、それは覚えていないが、とにかく、土鍋だけはあった。そしていかにも無造作に、その机の向う側にあった椅子を指して、それに坐れと言われた。そのときの問答も、また今全く記憶せぬ。ただ老師の風貌のいかにも飾り気なく、いかにも誠実そのもののようなのが、深くわが心に銘じたのである。ある点では西田幾多郎君に似通うところがあるように、今考える。虎頭巖（隠寮は妙香池の畔、虎頭巖の上にあって、老樹で掩われている）――で、白衣の老僧が長方形の白木造りの机に向かって、夏の朝早く、土鍋から手盛りのお粥を啜る――禅僧というものはこんなものかと、そのとき受けた印象、深く胸底に潜んで、今に忘れられない」

誰の言葉だったか、「禅は見るものである」という言葉があります。禅というのは言葉を聞いたり、声を聞いたり、話を聞いたり、書物を読んだり、というよりも、見て感じるものだという。優れた禅僧というのは、見るだけで非常に感じるものがあるのではないでしょうか。人が話を聞くときに受ける情報の量というのは、見た目が六割、声が三割、話の内容は一割という法則があるそうです。見て受ける影響というのは、長年修行したような人であれば、より大きなものがあったかもしれません。

私も小学生のときに目黒絶海という由良の興国寺の老師のお姿を見て感動するという体験をし、それが禅というものへ興味を抱くきっかけとなりました。大拙も洪川老師の風貌を見て禅に惹かれたというのも同じであろうと思います。洪川老師が白い着物を着て悠然とお粥を啜っている姿に心打たれたという体験が禅を求めるようになった原点なのではないかと思っています。

この出会いがあって鈴木大拙は禅に傾倒し、そのお蔭で今日、禅が世界に広まっているのです。それを考えるとき、その一番の根本がこの円覚寺の一室で、まだ二十代の青年が老僧に会うという体験にあった、この出会いの不思議というものを力説したいと思うのです。素晴らしい人に出会っての感動、これが何においても原点になるのではないでしょうか。

◉円覚寺の門戸を一般の人たちに開放する

大拙の文章の中に「居士寮」という言葉が出てきましたけれども、この円覚寺には今でも居士林といって、一般の人が坐禅をする施設があります。

円覚寺では近年いろいろな坐禅会を開いていますが、以前はそういうものはありませんでした。坐禅は一般の人に開かれたものではなかったからです。円覚寺を開いた仏光国師（無学祖元）の時代には、臨済宗の禅というのは武士のみが行うものでしたし、江戸時代になっても大名などの社会の中でよほど高い地位にある人でないと行いませんでした。臨済宗というのは特にそういう側面があって、一般の人たちに何かを教え伝えるということはあまりなかった宗派です。円覚寺も北条家の寺ですし、北条家が滅びた後は足利家の寺になります。江戸時代も幕府の庇護を受けています。そのような支配者層との関わりが強かったお寺なのです。

そうした円覚寺が一番大きなダメージを受けたのが、明治時代の廃仏毀釈《はいぶつきしゃく》です。そのときに、円覚寺の洪川老師は一般の人にお寺を開放しました。最初は円覚寺の中にある正伝庵を一般の人が坐禅をするための道場として開放したと記録に残っています。

それが円覚寺の新しい伝統になりました。一般の人に広く門戸を開いて誰でも坐禅ができるようにしたことから、若き鈴木大拙や夏目漱石などが坐禅に来るようになりました。鈴木大拙に至っては、晩年、円覚寺の向かいにある松ヶ岡の東慶寺に移る前にここ（正伝庵）に住んでいました。そうした方たちが後に有名になっていったところから円覚寺あるいは坐禅というものが一般に広まっていったのです。そういう道を開いた方が洪川老師です。

◉明治の廃仏毀釈の中、仏法を守り通す

明治維新というのは近代日本にとって評価すべき素晴らしい出来事でした。その前後には吉田松陰、坂本龍馬、西郷隆盛をはじめとして、偉人が群れをなしていました。その人たちのお蔭で近代日本国家ができたということは誰も否定しないでしょう。ただ光があればどうしても影ができるのです。明治維新のために失われてしまったものもあると思うのです。

明治初期に起こった廃仏毀釈もそうです。新しい近代国家に生まれ変わらなければならないという考えがあったのかもしれませんが、古き仏教の伝統が随分壊されてしまいました。お寺を壊したときに仏像や仏教美術の第一級品が海外に流出して、今も戻って来ていないものが相当数あります。

幸いなことに円覚寺は廃仏毀釈の影響はほとんど受けませんでした。それはひとえに

洪川老師のおかげです。もしも「時代に流されてお寺ももう駄目じゃないか」と思えば駄目になっていたでしょう。しかし、洪川老師は微動だにしませんでした。それが円覚寺を守ったのです。円覚寺には他の本山より遥かに多い文化財が残っているといわれています。代々守ってきたということもありますが、明治維新の動乱の中でもほとんど影響がなかったという証拠です。

同じ鎌倉でも、鶴岡八幡宮は随分壊されました。鶴岡八幡宮はもともと鶴岡八幡宮寺といって、五重塔があったり仏像があったり、坊さんがいてお経を上げたりしていました。また、二十五坊といって八幡宮の裏にお寺がたくさん並んでいました。しかし、明治維新の廃仏毀釈で寺という名称を取って、仏教的なものを全部つぶしてしまいました。これは非とすべきことではないかと思います。

もちろん、そんな目に遭うにはそれなりの理由もあったろうと思います。江戸時代の終わり頃に、坊さんが堕落していって、だんだんと仏教が衰退をしていったこともあるでしょう。そんな動乱の中で坊さんをやめてしまうような和尚さん方も出てきましたし、寺のものを売り払うような人も出てきて右往左往しました。

そんな混乱の中、臨済宗のお坊さんは日常的な修行で鍛えられているものですから少々のことではへこたれなかったのです。その意味で、修行というものを緩くするわけにはいかないというところがあるのではないでしょうか。修行時代にさんざん叩かれて、鍛えられて、それでもやっていこうという根性で続けることによって、どんな苦難にも負けない力が身につくのです。洪川老師もそんなお力を持っておられました。それと同時に発想の転換ができました。

それでも、臨済宗というのは、幕府が消滅し大名がいなくなってしまったために、全く経済的基盤がなくなってしまいました。それで洪川老師は、一般の人々の間に坐禅の道を広めていこうという考えをお持ちになったのだろうと思います。これが発想の転換ということです。それが円覚寺を救いました。

◉儒学者の家に生まれた洪川老師

その洪川老師はどういう生涯をたどったのかということをお話ししてみたいと思います。ひとことで言えば波乱万丈の生涯であったと思いますが、年譜を見ながら追っていくことにしましょう。

文化十三（一八一六）年といいますから江戸時代の終わり頃、洪川老師は学者の家に生まれました。大阪に今でも福島という地名がありますが、その福島のお生まれです。同じ大阪の中之島で儒学の学校を開いておられたこともあります。遷化されたのは七十七歳のとき、明治二十五（一八九二）年ですから、明治時代の半ば頃までご活躍なさったことになります。

今日、「今北洪川」という名は一般にはほとんど知られていません。ありがたいのは鍵山秀三郎先生（イエローハット創業者）が洪川老師の「百萬典経、日下《にっか》の灯《とう》」という言葉を講演でお話しくださったり、本の中で紹介してくださったことで、それで知られるようになってきました。これは「百万巻のお経を読んだとしても知っているだけでは役に立たない、それは太陽の下でロウソクを灯すようなものだ（何も意味がない）」という意味の言葉です。鍵山先生はこの言葉を「どんな優れた教えを学び覚えるよりも実践が大切である」というように理解をし、足下のゴミを拾う、身の回りをきれいにするところから始めなければならないという意味でお使いくださっています。

どこで鍵山先生がこの言葉をご存じになったのかとお聞きしたところ、疎開先の学校におられた先生が岐阜県の伊深にある正眼寺という臨済宗のお寺で相当坐禅をされていた方で、その先生の影響を非常に強く受けたというのです。伊深の正眼寺でその先生は洪川老師の話を聞いて、それが鍵山先生に伝わったようです。

◉父母が金比羅権現に祈って生まれた子

先ほど洪川老師が学者の家の出で、大阪の中之島で儒学の学校を開いていたと言いましたが、父親は儒学の先生でした。

洪川老師の誕生にあたっては、「父母象峰権現に祈って男を求む」（父母が金比羅権現に祈って男の子の誕生を求めた）とあります。その結果生まれたのが洪川老師であったのです。こうした経緯があるせいか、洪川老師は幼時から少し変わっていて、「児たりし時夏はだぬがず、冬炉せず。終日父の書斎に侍して童戯に交わらず」（子供の頃から、夏だからといって薄着をせず、冬だからといって囲炉裏で手を焙ったりせずに、いつも儒学者のお父さんの書斎で一緒に勉強をしていて、他の子供たちと遊んだりはしなかった）といいます。

文政五（一八二二）年、七歳のときに「父始めて句読を授く」とあります。お父さんが初めて漢文を教えたというのです。この時代の学問というと算盤ぐらいはあったかもしれませんが、英語も化学もありません。勉強といえば漢文でした。ところが、「二年にして四書五経をそらんず」。七歳から漢文を始めて八歳、九歳の頃には四書五経をそらんじていたというのですから大変なものです。普通の人は大人でも『論語』ひとつ覚えるのも簡単にできることではありません。

さらに十三歳のときには「秦漢以上の書大抵業を卒ふ」とありますから、もうほとんどの漢籍を読みこなしていた。そして十四歳で、藤沢東畡という当時の儒学者と面会し、その東畡が白文の荻生徂徠集を出してきて読ませてみたところ、堂々とした大きな声で読んだというのです。それを見た東畡はびっくりして「とんでもなく優れた子だ」と感嘆してしまうのです。白文ですから返り点もレ点も全く打っていません。我々でも白文を読むのは難しいのですが、それを悠々としてこなしたわけです。それで藤沢東畡の塾に五年間在籍して勉強を続けました。その間に篠崎小竹や広瀬旭荘といった儒学の先生方のところにも行って学びました。

天保五（一八三四）年、十九歳のときに、大阪の中之洲（今の中之島）に儒教の私塾を開きました。通ってくる生徒はいつも三十人を下ることがなかったといいます。江戸時代ですから大阪に藩邸を構える諸大名の子弟たちに教えていたわけです。「昼講夜講孜々として研究すること凡そ五年」とありますから、五年間もっぱら漢籍を講じていたわけです。

ある日の講義で『孟子』の「浩然の気」について書かれた章に差し掛かったとき、突然、洪川老師は「孟子は浩然を説く、我は浩然を行う」と宣言をして、生徒たちを驚かせました。浩然の気というのは、海が滔々《とうとう》として溢れているように、広く豊かなゆったりと天地を包むような大きな気のことです。洪川老師はそういう気を体得してみたいと、突然思ったようです。書物の上だけではなく、それを実践して、体得したいと思ったのでしょう。学問ですから、普通ならば淡々として講義をすればいいのですが、突然「孟子が説いた浩然を自分は実践してみたい」と言ったものですから、みんな驚いたのです。

これがきっかけとなって、「脱俗の志を抱く」ようになります。特別にお寺と縁があったわけではないようですが、膨大な漢籍を読み込むうちに仏教、殊に禅に対して惹かれていった洪川老師は世間を出て出家をする希望を抱いたのです。

ところが両親にしてみれば、自分の息子が坊さんになるのは困るというので、「田中氏の女を迎えて之に妻す」田中という家の娘を妻に迎えました。要は結婚させたわけです。この時代、結婚というのは本人の意志よりも親や周りの人が決めた相手と一緒になるのが普通でしたから、両親が勧める女性と結婚したのでしょう。

しかし、「師彌志を堅うして動かず。頻りに明師を慕い、鬱々《うつうつ》として楽しまず」でお坊さんになりたいという志は固く、良き師を求めることに熱心になって結婚生活を楽しむことはなかった、とあります。

◉『禅門宝訓』を読んで禅の道に進む決意を固める

親というものはありがたいもので、お父さんは息子が禅に志があることを察していたのでしょう。ある日、『禅門宝訓』という中国の優れた禅僧たちの逸話を集めた書物を与えて読ませたというのです。洪川老師と比べるのはおこがましいのですが、私にも同じようなことがありました。私の父親は鍛冶屋で口数も少ない人でした。しかし、よそへ仕事に行くといつも仏教や禅の本をおみやげとして買ってきてくれたのです。これは今でも忘れられない思い出です。そういうことも考えると、父親は自分の子供の気持ちをよく察しているのではないかなと思います。

　このお父さんの配慮によって、洪川老師は本格的に禅に親しむようになります。

是より始めて禅書を読む。恍《こう》として旧習《きゅうしゅう》有るが如し。偶々《たまたま》教外別伝《きょうげべつでん》、不立文字《ふりゅうもんじ》の語に撞着《どうじゃく》し、覚えず案を打って曰く、卑衷《ひちゅう》に合《がっ》すと。

塾で教える傍ら、禅の書物を読み、教外別伝、不立文字といった文字に表された教えのほかに真実を伝えるという禅の立場を知ります。そのときに「これは自分の気持ちとぴったりだ」と感じるのです。しかし、誰について指導を受けたらいいのかわかりません。そのときにお父さんがくれた『禅門宝訓』を見ていると、その中にあった言葉が目に留まりました。それを読んで、「よし、禅の道を行こう」と洪川老師は決意を固めるのです。そのきっかけとなった言葉というのは、次のようなものです。

昔、達観の穎《えい》、初めて石門聰《せきもんそう》和尚に見《まみ》ゆ。室中口舌《しっちゅうこうぜつ》の弁を馳聘《ちへい》す。聰曰く、子の説く所は乃《すなわ》ち紙上《しじょう》の語なり。其の心の精微《せいび》の若《ごと》きは、則ち未だ其の奥を覩《み》ず。当《まさ》に妙悟《みょうご》を求むべし。悟れば則ち超卓傑立《ちょうたくけつりつ》、言《ごん》に乗ぜず、句に滞らず。獅子王吼哮《ししおうこうこう》すれば百獣震駭《しんがい》するが如し。廻って文字《もんじ》の学を観れば、何《な》んぞ啻什《ただじゅう》を以て万《まん》に較《たく》ぶるのみならんやと。

（達観穎禅師という方が石門聰和尚に初めてお目にかかった。達観禅師は口が達者で、老師の部屋に行っていろんなことをベラベラと喋った。すると老師が言うには「あなたの説いていることは全部紙に書いてある言葉に過ぎない。心の奥深いところまではとうてい見ていない。そんな書物に書かれた言葉を覚えるのではなくて、素晴らしい悟りを求めなさい。悟ったならば文字や書物を超えて、それより傑出したものを得ることができる。もう言葉に囚《とら》われることはない。心の素晴らしさに気がついたときには、まるで百獣の王たる獅子が吼《ほ》えればあらゆる獣が恐れおののくようなものである。そういう悟りの体験をした上で書物に書かれたものを見れば、もう千分の一、万分の一に過ぎないのではないか」と）

これを読んで洪川老師は大いに発奮します。「我もまた人なり。曷《なん》ぞ人の為す所を為す能わざらんや」禅の世界にはこういう悟りというものがある。自分も同じ人間であるから、人にできるのであれば自分にもできないはずはない。そう思って、家族に別れを告げ、今まで読み蓄えてきた膨大な書物をすべて捨てて、優れた悟りの眼を開いた師匠を訪ねる禅の修行に出たのです。それが二十五歳のときです。

出家をする前に「親眷、門人を招請して訣別の筵を設けんと欲す」すでに学校の先生をやっていたわけですから、親戚をはじめ、自分のもとで学んでいた人たちをお招きして今生の生き別れをしました。大勢の人たちが餞別の品を持ってきましたが、洪川老師はそれをすべて受けませんでした。というのも、出家をすれば親元を離れて親孝行ができなくなります。「自分はそんな親不孝をして出家をするのに、こんなものをいただくわけにはいかない」と言って、すべて辞退して出家をするのです。

●出家に対する思いを詠んだ漢詩と妻への離縁状

そのときに作った漢詩があります。これは洪川老師の出家に対する思いをよく表しています。

孔聖《こうせい》釈迦別人に非ず
彼は見性《けんしょう》と謂い此は仁と謂う
脱塵《だつじん》怪しむこと莫《な》かれ、吾が粗放《そほう》なることを
箇《こ》の浩然一片《こうねんいっぺん》の真《しん》を行《ぎょう》ぜん

洪川老師はずっと儒教を勉強してきた方ですから、孔子が一番偉いと思っていたのではないかと思います。しかし、いろいろ勉強してみると、孔子も釈迦も別人ではない。お釈迦様の教え、禅の教えでは一番大切なものは見性、つまり悟りであると言い、孔子は仁、つまり真心、思いやりであると言う。そして見性とは本性を見る、自分の本心を見ることですから、人間の本性は慈悲の心であると気がつくことが悟りであるということになります。

この慈悲の心、思いやりの心を孔子は「仁」と言い、お釈迦様は「見性」と言っている。同じものを体験してそれぞれ違った表現をしているだけなのだというのが、洪川老師の生涯を貫く立場です。

次の「脱塵」というのは出家することです。この穢れた世界を脱して出家をする。なんと乱暴なことをするのかとお思いなさるな、ということでしょう。「粗放」というのは、いかにも乱暴なことです。何が乱暴かというと、二十五歳というい い年で、しかも結婚もして儒教の先生として一家を成していたのに、奥さんと別れて、学校も閉鎖して、門人たちとも訣別をして出家するというのですから、随分乱暴なことをすると思われても仕方ないかもしれません。

自分の求めるところは孟子が説いた浩然の気というものを体得して、それを行じたいのであると。そのために、乱暴と見えるかもしれないけれども出家をするのだ、という気持ちを詠んでいます。

そのあとで洪川老師は奥さんに離縁状を渡します。いわゆる三下り半を与えたわけです。三下り半というのは三行半ぐらいで書く短い離縁状のことをいいます。

鎌倉に東慶寺というお寺があります。小林秀雄、鈴木大拙、西田幾多郎といった人たちのお墓があって、宗演老師のお墓もそこにあります。このお寺は駆け込み寺といって、離婚をしたい女性が駆け込んだ場所でした。昔は女性から離婚ができなかったのです。夫が飲んだくれで暴力を振るっても、今でいうＤＶのような目に遭っても、女性に離婚をする権利はありませんでした。しかし、東慶寺に駆け込めば、そこで離婚の調停をしてくれたのです。東慶寺には後醍醐天皇の娘も入っていますし、豊臣秀頼の娘も入って尼僧となって女人救済のために尽くしています。

東慶寺に駆け込めば離婚調停をしてくれるというので、いろいろな記録が残っています。江戸から逃げてくる途中で捕まったりすることもあったようです。東慶寺の中に履いてきた草履ひとつ投げ込めば助けてくれるというので、門前まで逃げてきて捕まった人が連れ戻されたらまた苦しまなければならないというので、必死に草履を投げ込んだということもあったようです。ここに逃げ込めば離婚できるというのは幕府も認めていました。そこに今でも離縁状の実物がたくさん残っています。

我と汝と譬えば繊糸《せんし》を以て土偶人《どぐうにん》を繋ぐが如し。今糸断《いまいとき》れて我は山に入《い》る。穢土厭離《えどおんり》帖如件《ちょうにょけん》。九華道人《きゅうかどうじん》　花押《かおう》　阿麻《おあさ》氏

これが洪川老師の書いた離縁状です。「私とあなたは譬えてみれば土で作った人形を細い糸で繋ぎ合わせているようなものだ。今、二人を繋いでいた糸も切れて私は山に入って修行する」という内容です。「穢土厭離帖如件」というのは、「穢れた世の中を離れて、はい、さようなら」といったところでしょうか。昔はこんな紙切れ一枚で男性側からは離婚が成立したのです。これは三下り半のひとつの典型だと思います。「九華道人」というのは洪川老師の儒学者としての雅号です。この手紙に花押を押して、「阿麻氏」というのが、おそらく奥さんのことでしょう。

◉厳しい修行を経て大悟を得る

こうして二十五歳のときに出家をして相国寺に入ります。そこで大拙和尚という方について修行を始めます。大拙というと鈴木大拙が思い浮かびます。これは宗演老師がつけた居士号ですが、洪川老師が修行を始めたときについたお師匠も大拙というのです。この方は「鬼大拙」と呼ばれたほどで、厳しさで鳴り響いていました。洪川老師はその噂を聞いて、自分のような者はそういう厳しい人のところで修行したほうがいいと、相国寺に行きました。

しかし、入門を希望してもなかなか許してくれませんでした。今であれば入門するには庭詰といって玄関に坐り込んで頭を下げ続けるというようなことをしますが、それどころの話ではありません。七日間断食して坐禅をして、それでも許してもらえず、結局一か月ぐらいかけてようやく入門を許されたのです。そしてようやく京都の相国寺の禅堂に入って修行をさせてもらえることができるようになりました。

そこで洪川老師は公案をもらい、それに対する答えを見つけようと坐禅をします。仏光国師は無の一字を与えられたという話をしましたが、洪川老師は「両手を打てばポンと音がする。では片手の音を聴いてこい」という問題をもらっています。これは先に紹介した「隻手音声《せきしゅおんじょう》」という公案ですが、この公案をいただいていくら坐禅をしても答えが出ない。二十五歳から二十七歳までのまる二年間、大拙和尚のところに毎朝毎晩問答に行くのですが、そのたびごとに罵られ、あるいは殴られて外に放り出されました。そういう状況が二年間もずっと続くわけです。

今までは儒学の先生という地位もあり学問もあったわけですけれども、それを完全に否定されてしまうわけです。洪川老師の年譜を見ると「老師のところに問答に行ってもこてんぱんに罵られて追い出されて、その度ごとに涙をはらはら流した」というようなことが書かれています。

道の上において転換をするには絶望のどん底に落ちるしかないのです。だから師は敢えて弟子を絶望のどん底に突き落としてやる。そこから這い上がってこなければ本当のものにはならないのです。罵るのも殴り蹴飛ばしたのも、大拙和尚の大変な親切と言えば親切なのです。

そして二十七歳、大悟のときが訪れます。年譜にはその瞬間について次のように描写されています。

深夜独り禅堂に入り精神を抖擻《とすう》して確坐摂心《がくざせっしん》、眼睫《がんしょう》を交えず。深く三昧《さんまい》に入り窓の白きを知らず。只恍惚として暁板《ぎょうばん》の声僅かに耳に入るを覚ゆるのみ。怡悦《いえつ》に堪《た》えず。…忽然として前後際断《ぜんごさいだん》して絶妙の佳境《かきょう》に入る。

（深夜に独り禅堂に入って精神を奮い起こして、眼をカーッと見開いたまま眠らないまま坐禅をした。窓が明るくなってきたことにも気がつかず坐り続けた。すると夜が明けたことを知らせる板を叩く音が聞こえてきて、ふつふつと喜びが湧いてきた。そのとき、ふっと突然、過去も将来も全部断ち切ってしまって言葉では言い表せない素晴らしい心境に入った）

これは仏光国師の大悟の瞬間に似ています。それはどういう心境かといえば、次のようであったと書かれています。

眼耳惺惺《がんにせいせい》として眼耳皆《がんにみな》無きが如し。須臾《しゅゆ》にして胸次豁然《きょうじかつぜん》として真眼《しんがん》を開く。大好事《だいこうず》を見、大好声《だいこうじょう》を聞く。自知自得恰《じちじとくあたか》も甘露《かんろ》を飲むが如し。従前の疑団《ぎだん》、従前の学解《がくげ》一《いち》時《じ》に徹底氷釈《ひょうしゃく》す。忍俊不禁《にんしゅんふきん》覚えず口を衝《つ》き連叫《れんきょう》して曰く、我神悟《しんご》せり我神悟せり。

百万の典経日下《てんきょうにっか》の灯《とう》、也太奇也太奇《やたいきやたいき》と。

（もう眼も耳もはっきりしていて、それでいて全く何も聞こえない。ほんのしばらくして、カーッと本当の眼が初めて開いた。すると素晴らしい世界が見え、素晴らしい声が聞こえてきた。飲んだ者にしかわからないような素晴らしい味のするものを飲んだようだった。今まで抱いていた疑いも、今まで学んできた解釈も全部解けてなくなってしまった。堪え切れずに、覚えず口を衝いて叫んだ。「ああ、私は悟った、私は悟った。百万の経典も日の下の灯だ。なんとすばらしい、なんとすばらしい」と）

ここに先にお話しした「百萬の典経日下の灯」という言葉が出てきます。今まで読んだ百万の儒教の書物やお経も、お日様が燦々《さんさん》と光り輝いている下で小さな灯りを灯している程度のものだ。つまり、自分の本心の尊さ、悟りの世界の素晴らしさから見れば、あらゆる書物に書かれているようなことは、お日様の下で小さなマッチのような灯を照らすようなほんの小さなものでしかなかった、というのです。これは体験の尊さを表している言葉です。「也太奇也太奇」というのは、なんと素晴らしい、なんと素晴らしい、という意味です。

そこで洪川老師は次のような漢詩を作りました。

疎闊《そかつ》なり孔夫子《こうふうし》
相逢う阿堵《あと》の中《うち》
誰《たれ》に憑《よ》ってか多謝《たしゃ》し去らん
好媒《こうばい》主人公

「疎闊」というのは「ご無沙汰していた」という意味です。「孔夫子」は孔子のこと。今まで儒学の学問から遠ざかっておりましたから、「ご無沙汰致しました、孔子先生」と言っているわけです。「相逢う阿堵の中」は「ここで再び巡り会うことができました」という意味。自分の本心の素晴らしさに気がついたら、「ああ、これが天地に満ち溢れる浩然の気というものなのだ」とわかったわけです。それを孔子は「仁」と言い、孟子は「浩然の気」と言い、お釈迦様は「慈悲の心」とか「仏心」と言っているということを体得したのです。「誰に憑ってか多謝し去らん。好媒主人公」は、「お蔭で本当の自分に巡り会うことができました」という意味だろうと思います。

儒学の世界で一家を成していたのにそのすべてを捨てて出家をして、庭詰から始めて、どん底まで落ち込んでまるまる二年間涙を流しながら修行をした。そして、ようやくこういう素晴らしい体験をしたといって感謝をしている漢詩です。

こういう境地に至って大拙老師のところに行くと、ようやくその悟りを認めてくださった。しかし、「これで修行というものが終わったわけではない。ここから本当の意味の修行をしなければいけない」と言葉をかけていただくのです。

◉第二次長州征伐に遭遇して死を覚悟する

残念なことに、その後、大拙老師は病気がちになってしまい、洪川老師は十分な指導を受けられなくなりました。そこで三十二歳のとき、備前（今の岡山県）の曹源寺という池田公の菩提所であった大きなお寺におられた儀山善来という非常に優れた禅師のところへ行って引き続き修行をし、この儀山善来禅師のもとで禅の修行を完成します。

四十歳で禅の修行を一通り終えた洪川老師は、京都の瑞応院というお寺に入りました。四十四歳になると、今度は山口の岩国にある永興寺《ようこうじ》という岩国藩主の菩提所でもある大きなお寺に入りました。このお寺は明治の戊辰戦争でだいぶ痛手を受けて荒廃してしまいますが、それまでは大きなお寺でした。

慶應二（一八六六）年、五十一歳のときに、第二次長州征伐が起こります。長州征伐は幕府と対立する長州藩を処罰するために幕府が仕掛けた戦争です。明治維新の歴史を見ますとなかなか薩摩藩と長州藩は一緒になりません。このときも薩摩藩は幕府方として征伐に参加しています。

この第二次長州征伐が起こったとき洪川老師は岩国にいましたから、まさに目前で戦争が勃発したわけです。しかし、「確として動かず」とあるように全く動じませんでした。洪川老師は自分の遺言となる偈（遺偈）を書いて、幕府方の兵が襲ってくるのを坐禅をしたまま待っていました。これは仏光国師のお寺を元（蒙古）の兵士が襲ってきたときの話と似ています。

そのときに作った遺偈はこのようなものでした。

魔を殺し仏《ほとけ》を殺す五十一年、末後冤無《まつごえんな》し、清風《せいふう》天に亘《わた》る

魔とあるのは煩悩です。仏とは悟り。つまり、煩悩も悟りも否定する五十一年の生涯であった、と言っているのです。しかし「末後冤無し」あなた方に殺されても何の冤《うらみ》はない。「清風天に亘る」清らかな風が天いっぱいに吹き渡るだけだ、と。こういう詩を作って微動だにしなかったというのです。

先にも触れましたが、禅宗がなぜ厳しい修行をするのかというと、厳しい逆境の中で叩かれ踏んづけられてコテンパンにされると腹が据わってくるからです。何事にも動じない腹をつくることがひとつの目的となっているわけです。

◉円覚寺の初代管長となって僧の指導にあたる

明治維新、戊辰戦争の動乱を潜り抜けて明治の新政府になりました。明治八（一八七五）年、六十歳を過ぎたときに東京十山総黌大教師選任の命を受けて上京します。今でも湯島に春日局の菩提所で麟祥院という大きなお寺がありますけれども、そこに臨済宗の十の本山が合同してお坊さん教育のための学校を作ったのです。今で言えば大学のようなものでしょう。その校長に指名されて、東京にやってきたのです。

これは一番の適任者であったと言えるでしょう。二十五歳までは学問の世界にいて儒教を人に教えていましたし、さらに禅の修行をやり遂げたわけですから、学問もできるし修行もできる。誰もが最適だと思ったことでしょう。

ところが残念ながら、この学校は諸般の事情があって長く続きませんでした。今日では臨済宗の学校としては京都に花園大学が残っていますが、東京のこの十山の学校はわずか二年ほどで終わってしまいます。

また、この同じ六十歳の年の十一月に円覚寺の住持職に任命されました。これは後に管長という制度ができて、洪川老師は初代管長という言い方をされるようになります。十一月に円覚寺に入り、十二月に初めて正式にお説法をする開堂という儀式を執り行いました。これは円覚寺の管長としてのお披露目の儀式です。

こういうわけで、最初の頃は東京と円覚寺を行ったり来たりしていました。いろんな書物を読む限りでは、むしろ東京の学校のほうが主だったような感じがします。しかし明治十（一八七七）年には、東京の十山総黌が終わってしまい、その校長を退いてからは正式に円覚寺に腰を据えて禅の指導にあたるようになりました。

そのときに正続院に禅堂を開き、お坊さんの修行を始めます。また、正伝庵を択木園と称して、一般の人たちが修行するための場所として開放しました。先にお話ししたように、これがあったためにいろんな人たちがここに坐禅に来るようになったわけです。択木園という名のいわれは、山にたくさんの木がある中から立派な大黒柱になるような木を選ぶということから、立派な人材を選んで養成していくのだという意味で使われています。一般の人たちの中から、優秀な人を養成したいという意志があるのです。

そこから洪川老師の円覚寺における活躍が始まりました。先にも述べたように明治初年に廃仏毀釈が起こりますが、幸いに山岡鉄舟や鳥尾得庵といった明治新政府の優れた人たちの中にも洪川老師に参禅をしている人たちもいて、円覚寺は廃仏毀釈の難を逃れます。そのうち廃仏毀釈も収束して、仏教も引き続き大事にされて認められるようになっていきます。

廃仏毀釈の運動が繰り広げられていたとき、円覚寺の今北洪川、天龍寺の由利滴水、相国寺の荻野独園といった人たちは新政府に対しても堂々とものを言いました。独園禅師という人は洪川老師が相国寺で修行をしていたときの一番の修行仲間で、後に相国寺の管長になります。

相国寺では独園禅師のほうが先輩で、早くから修行をしていました。ところが洪川老師は二十五歳という、当時としてはわりに遅い修行の始まりで、しかもそれまで学校の先生をやっていたのがいきなり坊さんになって来たわけですから作法もわからない。それをいつもこの独園禅師という人が励まして導いてくれたのです。そのため、終生の恩人であるというようなことを洪川老師は書かれています。後に洪川老師は円覚寺の管長になるわけですが、その推薦をしたのも相国寺の独園禅師だといわれています。生涯無二の親友だったということです。

その相国寺の独園禅師と円覚寺の洪川老師たちが廃仏毀釈に対して毅然として闘っていくのです。廃仏毀釈というのは、要するに明治の新政府が仏教を否定して全部神道の教義だけにしろと言ったわけです。坊さんたちも神社にお参りするときは坊さんの衣を脱いで神官の格好をして神社に来いというようなことを言われたのです。それに対して独園禅師は「いいでしょう、言うことを聞きましょう。その代わりあなた方、神社の方々も寺に来るときには頭を剃って、奥さんと別れて出家して来てくれ」と言ったという逸話があります。禅宗のお坊さんというのは、少々のことはやり返してしまう気骨があったのです。

このように明治新政府の方針に抵抗して、伝統のものを大事に復活させる大きな功労があった方の一人がこの洪川老師です。そうした伝統を守りながらも、一般の人に対しても禅の道を開かれたのです。亡くなるのは明治二十五（一八九二）年一月十六日で、七十七歳でした。当時としては長生きです。

その亡くなる前年、明治二十四年に若き日の鈴木大拙が参禅をしました。大拙は洪川老師が亡くなったときに偶然にも立ち会っています。奥の部屋にいたら隠寮（師家の居所）でドスンという大きな音がしたために何ごとかと思って駆けつけたら、洪川老師が倒れていたといいます。洪川老師は体の大きな人でしたから、さぞや大きな音がしたのでしょう。

◉儒教の言葉を禅の立場から解釈した『禅海一瀾』

『禅海一瀾』という書物があります。これは四十七歳、岩国の永興寺にいたときに洪川老師がお書きになったもので、一番の主著と言っていいものです。四書五経をはじめとする儒教の書物から三十の言葉を選んで、それを禅の立場からどう見るのかということをすべて漢文で書いています。この本の中に、今までお話ししてきたような洪川老師のご生涯についての文章も含まれています。

たとえば、この本の第一則は明徳となっています。ここでは『大学』に「大学の道は明徳を明らかにするに在り」とあるけれども、明徳とはなんであるかというふうに問い、それに対して「明徳」と言おうと「本心」と言おうと「仁」と言おうと、それは言葉の違いだけであって、言わんとしているところはみんなひとつであるというような解説がなされています。

あるいは、『論語』の「参や、吾が道はただ一を以って之を貫く」「曾子曰く、夫子の道は忠恕のみ」という有名な言葉を採り上げて、この「一」とはなんであるのか、この「一」を見ることができればいいのだというふうにして、あたかも禅の問題のように取り扱っていきます。

同じようにして『孟子』の「浩然の気」とは何かとか、また『論語』の「孔子曰く、回也其れちかし、屡空し」とある「空し」とはどういうことかというような解釈がなされています。ちなみに、この「空し」について洪川老師は「全く私心のない様子である、一切の外の世界に対して何の雑念も交えないところである」というふうに記しています。『論語』の言葉を禅の立場で解釈しているのです。

その他にも「朝に道を聞かば夕に死すとも可なり」(『論語』)とか「其の心を尽くす者は其の性を見る。其の性を見れば則ち天を知る」(『孟子』)などの解釈もしています。その中で洪川老師は、「天と言い、仏と言い、道と言い、性と言い、明徳と言い、菩提と言い、悟りと言い、あるいは至誠と言い、種々に名前をつけてもこれらはみな一真多名(ひとつの真実を様々な名前で呼んだに過ぎない)、このひとつの真実は天地に先立って生じ、古今に亘って常に現在に存在している」とはっきり書いています。

その他に有名な「一箪の食一瓢の飲、陋巷に在り。人はその憂いに堪えず、回はその楽しみを改めず」といった『論語』の言葉なども取り上げられています。

◉「至誠息むこと無し」という言葉を貫いた一生

最後に、こうした言葉の中から「至誠」についての解釈を取り上げたいと思います。これこそが洪川老師の一生を貫く言葉だと言えるからです。

『禅海一瀾』の第十五則、つまり第十五番目の言葉に洪川老師は「至誠」を取り上げています。至誠というと吉田松陰の「至誠にして動かざるものなし」(至誠によって動かないものは何もない)という言葉が有名になり、明治維新の原動力になった言葉として注目されていいますが、鈴木大拙は洪川老師のことを「一言で言えば至誠の人だということができる」と表現しています。至誠の「至」は「至る」という意味よりも、至高とか至上とかいう「最高の、この上ない」という意味です。ですから「この上ない誠」を実際に体現したのが洪川老師であるというようなことを鈴木大拙は述べているのです。

この「至誠の徳」というものは自分の内心にあるものであり、心の内にあるものは同時に天地にあるものと一緒です。ただ、これはなかなか理解されず、松原泰道先生は「それは譬えて言えば水の中にザルを入れているようなものだ」と説明されています。つまり、水の中にザルを入れると、ザルの中にも水があるし、ザルの外側にも水があります。かくのごとく、心、本性というものは自分の体の内方にもあるし外方にも溢れている。内にあるものも外にあるものも同等なのだ、ということになるのです。

私は、「至誠」を「この上ない真心」と訳すのがいいと思っていますが、そういうと自分の心の内方にあるものはわかりやすいのですが、自分の外方、天地の中に至誠があるという意味がわかりにくいようです。しかし、天地の中にあるからこそ自分の中にも感じることができるのです。そう考えれば、至誠というものはむしろ天地にあるものであって、それを自分の内に感じることができるということなのです。

心というのは決して自分の内側だけにあるのではなく、森羅万象の中にあるのです。自分という存在を考えてみれば、天地自然の中のひとつの働きにしか過ぎないのですから、自分の内も外も同等なのです。それを松原泰道先生は「ザルを水の中につけたようなもので、水は自分の中にもあれば外にも溢れている」と言われたのです。

『禅海一瀾』第十五則の冒頭で洪川老師はこう書いています。

大いなるかな、至誠の徳。天地に配して天地に預からず。万物に胎《お》うて万物に干《あずか》らず。一縁《いちえん》寂然《じゃくねん》不動の中《うち》よりして、遂に感じて天下の故《こと》に通ず。流行して止息《やむ》ことなし。一縁《いちえん》に因らず一法《いっぽう》を立てず。而《しか》も、明明歴歴《めいめいれきれき》、一縁一法《いちえんいっぽう》に昧《くら》からず。

（至誠の徳は天地に行き渡っていて、しかし天地に留まることを知らない。森羅万象あらゆるものとひとつになっていながら、あらゆるものにまた左右されるわけでもない。微動だにしない静寂の中、無の中から至誠というものが現れてきて天下のことに通じていく。この至誠の働きはすべてのものに行き渡っている。いかなる因縁も因りどころとしない、いかなる法も立場としない。その働きというものはいかなる縁や法もはっきりとして現れ

ていて眩ますことはない）

しかも、この至誠の働きというのは単に自分自身の内面の働きだけではないのです。

譬えば、以て鳥は春に鳴き、以て雷《らい》は夏に鳴り、以て虫は秋に鳴き、以て風は冬に鳴るが如し。其れ唯だ毫釐《ごうり》も欺《あざむ》かず。而も循環、息《や》むこと無し。息むこと無きが故に悠《ゆう》遠《えん》、悠遠なるが故に高明なり。是れまた何物ぞ。只だ学者、己に反って自得するに在るのみ。語に曰く、「其の物たるに弐《ふたつ》ならざれば、則ち其の物を生むこと測られず」。また曰く、「知、仁、勇の三者は天下の達徳《たっとく》なり。之を行う所以のものは一《いつ》なり」。

（たとえば、春になれば鳥が鳴くし、夏になれば雷が鳴るし、秋になれば虫が鳴くし、冬になれば北風が吹いている。もう毛筋ほども欺くものはない。春夏秋冬、天地の働きというのはずっと巡っていってやむことはない。ずうっと遥かに遠く続いていく。悠遠であるから高く明らかである。この至誠の働きというものはいったい何であるのか。道を学ぶ者がまず自分自身の内に気がつかなければいけない。『中庸』に言うには、「至誠は二つではなく純一であるから万物を生じていくことは測り知ることができない」。また言うには「儒教でいうところの三つの徳、知、仁、勇の根本となるものはひとつの至誠である）

既に紹介しましたが、至誠の働きというのは決して自分の内面に留まることはないのです。春になれば鳥が鳴くし、夏になれば雷が鳴るし、秋になれば虫が鳴くし、冬になれば北風が吹いている。それはすべてこの天地にいっぱい満ち溢れている至誠の働きなのです。

故に山野《さんや》常に言う、「孔門《こうもん》また、惟だ此の至誠一乗《しせいいちじょう》の法《ほう》有るのみ。二無く、また三無し」と。予、昔日《せきじつ》、瞥地《べっち》の後、惟だ此の至誠の一語に於いて鍛究練磨《たんきゅうれんま》、頗《すこぶ》る正念工夫相続の力を得たり。其の恩洪大にして報ゆる所を知らず。如今《いま》、此の書編述の志願《しがん》も全て此に基づく。乞う学者、至誠無息《しせいむそく》の滋味《じみ》を細嚼《さいしゃく》せんことを。深く之を自得すれば、則ち正念工夫相続に於いて、其の力を得ること、必ず観るべきもの有らん。

（だから私は常に教えている、「孔子の教えは只この至誠のひとつだけあって、それ以外に二つも三つもあるものではないのだ」と。ちらりと自分の本性を見てこの至誠に気がついてから、この至誠の一語をひたすら鍛えて練り鍛えてきた。正念を工夫し、相続する力を得た。この至誠の一語に巡り合ったお蔭であり、そのご恩というものは測り知れない。今『禅海一瀾』という書物を著したのも、この至誠を伝えたいがためだ。この一語をよく味わってほしい。この至誠を常に失わないようにやってほしい。深くこの至誠を得れば正念工夫の力が得られてきっと見るべきものがある）

ここにある「孔門また、惟だ此の至誠一乗の法有るのみ。二無く、また三無し」というのは、法華経の中にある言葉を至誠に置き換えていったものです。つまり、法華経の中に「真実はひとつであって二つとか三つとかあるものではない」という言葉があるのです。その真実を至誠に置き換えて、孔子の教えは至誠のひとつだけであって、それ以外に二つも三つもあるものではないと言っているのです。

この至誠、真心、偽りのない心だけを養って天地の心とひとつになることが禅の一番大事なところなのです。そのために鍛究練磨し、正念工夫を続けていく必要があるのです。

至誠息《や》むこと無し。息まざれば久し。久しければ徴《しるし》あり。

これは『中庸』にある言葉です。真心をやめることがなければ長く続けることができる。長く続けていけば必ず形に表れ、結果が出てくる。

「至誠息むこと無し」――まさにこの一語を自分の一番根本に置いて、明治維新の動乱を乗り越えて広く一般の人たちにも禅の道を開いた。これが洪川老師の一生であったということができると思います。

第七講

釈宗演――活達雄偉、明晰俊敏

あるときは円覚寺と建長寺の管長を兼務、あるときは日露戦争の従軍僧、あるときは世界一周の船旅に出るスケールの大きな禅僧。夏目漱石も師事し、また鈴木大拙をアメリカに派遣して禅を西洋に広めるきっかけをつくった。

◉三十四歳の若さで円覚寺の管長に就任した俊英

今回お話しする釈宗演老師（一八五九〜一九一九）は今北洪川老師の弟子にあたる方です。宗演老師について鈴木大拙は次のように書いています。

「宗演老師は洪川老師とは性格において才能において、あるいは出処において、素養において、体質においてほとんど正反対であった。洪川老師は敦厚なるに対して、宗演老師は俊発である。洪川老師は威風堂々たるのに対して、宗演老師は敏捷穎利である。宗演老師は還暦六十歳で亡くなったけれども洪川老師は七十七歳の長命であった」

洪川老師は非常に良い家のお生まれです。学問においても非常に恵まれた環境にありました。そうした恵まれた中、十九歳で大阪で塾を開くわけですが、財源がなければそれはできなかったでしょう。

これに対して宗演老師は福井県高浜というところにお生まれになったようです。お寺に入ったのは、十二歳のときでした。妙心寺の越渓老師という方が親戚にいらして、その弟子になりました。

禅の修行というのは俊発な人なら六年とか七年とかという短い期間で老師になられる人もおります。洪川老師などは非常に長くて、二十五歳から修行を始めて四十歳でお寺に入るまでずっと続けていたわけですから、十五年の長きにわたって修行をなさっていたことになります。ところが宗演老師は、二十五歳でもう老師と呼ばれるほどになっておられました。そして円覚寺の管長になったのが三十四歳です。私が四十七歳で円覚寺の管長になったとき、よく世間の人から「円覚寺の歴史始まって以来の若さですか」と聞かれましたが、とんでもありません。宗演老師は三十四歳で管長になって、私が管長になった年には円覚寺、建長寺の管長を辞めて、向かいにある松ヶ岡東慶寺の住職になっておられました。

また、その同じ年に宗演老師は世界一周旅行に出かけました。明治三十八年です。六月からアメリカ、インド、ヨーロッパを回って明くる年の九月に日本に帰ってくるという長旅で、当時としては桁外れにスケールの大きな旅行でした。

その前に三十五歳のときには日本の仏教界を代表してシカゴで開かれた万国宗教大会に出席するために渡米して、そこで仏教についての演説をしています。これが欧米において仏教というものが説かれた最初の機会となりました。これがきっかけになって、向こうからの要請で誰か若い人を派遣してくれと言われて、宗演老師は当時円覚寺に居候をしていた学生の鈴木大拙をアメリカに送るのです。

それで鈴木大拙はアメリカに十年ぐらい滞在して名を成し、日本に帰国します。日本という国は外国で有名になった人を大事にするという体質があるようです。大拙もそうで、欧米で有名になったことによって日本でも評価されるようになりました。そういう恩を感じたのか、大拙は宗演老師がお亡くなりになるまで、終生の師匠としてついて修行をしていくのです。

◉自由奔放な修行時代

宗演老師という人は先に申しましたように福井県に生まれて十二歳で京都の妙心寺で越渓《えっけい》という同じ福井県高浜生まれの老師について修行を始めました。また、十五歳のときには建仁寺の俊崖老師について仏教の勉強と坐禅の両方をやっていたようです。

誠拙禅師のお話をしたときに、誠拙禅師という人が小僧の頃から師匠の言うことも聞かないようなやんちゃであったと言いました。禅宗の場合はあまり品行方正で大人しい人よりも、少しやんちゃなほうが大成するようで、宗演老師という方もそういうところがありました。

建仁寺にいた頃の有名な話があります。師匠の俊崖老師がある夏の暑い日に外出しましたのを見て、宗演老師はこれ幸いと本堂の廊下で大の字になって昼寝をしたというのです。暑い日に広い廊下で横になると涼しくてとてもいい気持ちなのです。

ところが、まだ眠りにつく前ぐらいに、何か忘れ物でもしたのか俊崖老師が帰ってきてしまいました。しかし宗演老師はもう大の字になって寝ているものですから、この期に及んで起き上がるのは往生際が悪いと思い、「なるようになれ」と腹を決めて横になったままでいました。

すると帰って来たお師匠さんは、宗演老師を蹴飛ばして怒鳴るかと思ったら、小さな声で「ごめんなされ」と言って足のところをそぉーっと跨《また》いでお部屋に行かれたというのです。これには宗演老師は非常に感激して、師匠たるものはどのようにあるべきかということをそのときに知ったと書いています。

普段は確かに厳しいことを言っていても、こういうときに愛情を示す。たとえ小僧であっても頭から怒鳴ったりせずに「ごめんなされ」と言って足下を通っていく。こういうところに宗演老師は師匠の愛情を感じたのです。

我々が修行でよく教わったのは、小さな過ちほど大きく怒れ、大きな過ちは怒るな、ということでした。本人がたいしたことではないと思っているような些細な過ちは大きく怒れ。しかし、本人もしまったと思っているような大きな過ちはそれ以上怒る必要はないというわけです。これは確かにそのとおりです。本人が自覚して反省していることをさらに怒鳴る必要はない。逆に、たいしたことないじゃないかと高をくくっているような小さなミスこそ怒鳴りつけなくてはいけない。その小さなミスが重なって、いつか大きなミスにつながるからです。これは禅宗でよく言うことです。

この間も誰かの本に書いてあって私も感銘を受けたのですが、ある禅師のところで一人の僧が修行をしていてご飯を炊くのを失敗して焦がしてしまった。これは申し訳ないと思って禅師のところへ持っていったら、禅師は「よう焦げましたなあ」と言ったというのです。これは大したものだと思いました。それはもう本人が「しまった、申し訳ない」と思っているのですから、それに対してそれ以上言うことはないのです。でも本人が気づかないような間違いミスをおかして平気でいるような場合は、大きく怒れと。これなんかも面白い話です。

宗演老師も、俊崖老師の対応から人の上に立つ人の度量の広さというものを知ったと書いています。これは建仁寺にいたときの有名な話です。

◉弱冠二十五歳で洪川老師から印可を受ける

そして十九歳のとき、曹源寺の儀山善来《ぎさんぜんらい》禅師について修行をしました。この方は洪川老師の師匠です。洪川老師はこの儀山善来禅師がまだ四十代の初めぐらいの頃について修行をしています。儀山善来禅師という方は一般にはそれほど知られていませんが、明治時代には非常に大勢の優れた禅僧を輩出した有名な方です。宗演老師がついたときにはもう晩年だったものですから満足な指導は受けられなくて、明くる年の明治十一年、数え二十歳のときには円覚寺に来て、洪川老師について修行を始めます。

宗演老師は怜悧俊発の典型であると言われますが、その言葉どおり、わずか正味五年間で洪川老師から「印可」を受けます。「印可」というのは修行が全部終わったというしるしですが、それを二十五歳のときにいただくのです。

印可を受けるのは三十代でも極めて早いといわれます。四十、五十というのが当たり前です。それを二十五歳のときに印可を受けたわけですから、これは大変なことです。洪川老師のあとの円覚寺の管長になっていくということが、この時点でもう保証されたようなものなのです。

そのあと二十六歳のときに永田僧堂という、横浜の保土ヶ谷近在に永田という場所がありますが、そこにあった僧堂で『禅海一瀾《いちらん》』という洪川老師の語録を提唱します。すなわち老師としての初めての指導を始めるのです。この僧堂は、先にお話しした誠拙禅師が月船禅師について修行をしたお寺にあります。

この同じ年、宗演老師は一時期、北条時宗公のお寺である円覚寺塔頭の仏日庵に住職としてお入りになられていました。

明くる年、明治十八（一八八五）年に、宗演老師は福澤諭吉のいた慶應義塾で学び始めます。これに対して洪川老師は猛反対をしました。洪川老師は一般の人に禅の修行の道を開くという革新的な面を持っておられましたが、儒学一本で漢籍を学んでこられた方でもありますから、宗演老師が西洋の新しい学問をやることに非常に反対をしたのです。そのとき洪川老師が宗演老師に出した手紙が今も残っています。

しかし、それでも宗演老師という方は自らの意思を曲げませんでした。師匠の言うことを全部聞いているようでは、あまりいい後継者とは言えないのです。弟子というのは師匠を超えるぐらいの力がなくてはいけないと言われます。洪川老師は鈴木大拙が「至誠の人」と言ったように謹厳実直の代表のような方でした。ところが宗演老師は、若い頃は酒も飲むし肉も食べるし女性とも遊ぶなど、禅僧としては破天荒なところがありました。洪川老師はそれらも全部ひっくるめて宗演老師の優れた資質を認めていたのでしょう。

◉修行で得たものをすべて捨てるための修行——セイロンへの旅

慶應義塾での修学を終えた宗演老師は、二十九歳のときにセイロン、今のスリランカに行きます。これは南方の仏教を学ぼうという気持ちもあったと思いますが、日本にいると円覚寺の後継者として皆から非常に大事にされる、それに満足できなかったのだろうと思います。セイロンに行けばそんなことは全く関係ありません。言葉も通じませんから、一人の外国人として振る舞えると思ったのでしょう。それで単身セイロンに向かうのです。

ところが、行き帰りの船の中も今のように設備が整っているわけではありませんし、セイロンにはまるまる二年間滞在しますが、塗炭の苦しみを味わいます。もちろん南方の仏教も少しは勉強されて、そこで学んだお経なども東慶寺に残されておりますけれども、それよりもむしろ自分が修行で得たものを全部捨て去るための修行だったと言えるのではないかと思います。

これは前にお話しした仏光国師が修行してお悟りを開いて、その後手洗いの掃除を二年やったというのに近いものがあるのではないでしょうか。修行したとか悟ったとかいうようなものも全部捨てて、下坐行を行ったわけです。

宗演老師は、まるまる二年、足かけ三年、セイロンに滞在した後、日本に帰ってきます。その日本に帰ってくるときの話があります。私の修行時代に師匠がよくこの話をしておりました。私もこの話だけは毎年しなければならないと思ってしています。それを以下にご紹介したいと思います。

衲《のう》、往年業風《ごっぷう》に吹着《すいじゃく》せられて、印度錫蘭《セイロン》島に漂泊し、帰朝《きちょう》の途次《とじ》、更に暹羅《シャム》国の佛教《ぶっきょう》を視察せんと欲して、船を新嘉堡《シンガポール》に僦《やと》う。

この「衲」というのは「私」すなわち宗演老師のことです。これはセイロンに行って仏教を学んだ帰り道の出来事です。シャムというのはタイの国。タイの仏教の様子も見てこようと思ったようですが、許可が得られなかったらしく、船をシンガポールに留めていました。

然れども身に余裕の貯蓄あるにあらざれば、辛うじてデッキパッセンジャーの群に入れり。

しかし、お金がなかったので部屋に宿泊できず、なんとか甲板に乗せてもらうような立場であったのです。

即ち伍する所のものは獰悪《どうあく》なる黒奴《こくど》、醜穢《しゅうわい》なる弁漢《べんかん》、然らざれば傲慢暴戻《ぼうれい》なる碧眼

赤鬚《せきしゅ》の人なり、顔々《がんがん》日々接すれども、敬愛転《うた》た疎《うと》し。

乱暴な黒人や、汚い漢人、傲慢で荒々しい青い目や赤い鬚《ひげ》の外国人ばかりの群れの中に一緒にいた。毎日顔を合わせていたけれども、ひとつも仲良くしようとは思わない。

蹉風面《さふうおもて》を磨《ま》し、塩雨頭《えんうこうべ》を洗う、落々《らくらく》たる一身坐《いっしんざ》するに茵《しとね》なく、臥《が》するに室《しつ》なし。五昼夜の海程《かいてい》、些《いささか》の水とパンとを欠くこと一再《いっさい》のみならず、飢餓頻《しき》りに迫りて卒倒せんとすること屡々《しばしば》なり。累々たる喪家《そうけ》の犬、任他《さもあらばあれ》、人の蔑視《べっし》することを。

潮風に吹かれっぱなしで、雨が降ってきたらその雨で頭を洗う。甲板に乗せてもらっているだけで、坐る布団もなければ横になる部屋もない。五日五晩そんな状況でいて、ほんのわずかな水やパンももらえないこともあり、喉が渇いてお腹が減ってしばしば倒れそうになった。まるで野良犬の如きありさまで、人からも軽蔑されるであろう。

是の如くして船は漸く盤谷《バンコク》の湄南河《メナム》に達す。時に低潮、船進むこと能わず。一夜河口に碇泊《ていはく》す。

このようにして船はバンコクのメナム河に達した。引き潮で、もう船は進めなかった。ある晩、その河口に錨を下ろして泊まった。

◉自らの力を試された蚊の大軍との闘い

その晩の出来事です。宗演老師は大きな体験をするのです。

是れ今衲《のう》が前半生に於ける自己の定力《じょうりき》を試験するの好機に際会《さいえ》せるを知らざるなり。

このとき、自分の前半生において坐禅をして培ってきた力を試す絶好の機会が来ているということにまだ気がついていなかった。

薄暮《はくぼ》、黒雲《こくうん》四方に閉《とざ》して、気圧《きあつ》益《ますます》低く、雨か雨ならず、風か風ならず、溽熱《じょくねつ》蒸すが如く流汗淋漓《りんり》たり。時に無数の蚊軍《ぶんぐん》あり。哄然撼天《こうぜんかんてん》動地の勢《いきおい》を以て、一斉に襲い来《きた》りて、衲が前後左右を刺撃する。或は私嘴《しし》を逞うし、突貫して直に鼻孔を衝くあり。或は健翼《けんよく》を張り、迂回して横に眉毛を掠《かす》むるあり。夜愈々《いよいよ》深くして、人既に定まり、

満船闃《まんせんげき》として、只舷灯《げんとう》の僅かに河底《かてい》を射るあるのみ。此時蚊軍更に一層の魔力を振い、聚散倏忽《しゅうさんしゅくこつ》出没常ならず。手を以て撲《う》てば足に来り、足を以て逐《お》えば手に去り、面前に蔟《むらが》り背後に屯《たむろ》し、其煩擾紛悶《はんじょうふんもん》殆ど言に堪えず。

夕暮れに雲が垂れ込めてきて気圧がずうっと下がってきて、雨が降りそうで降らない、風が吹きそうでそよとも吹かない、湿度が高くて蒸し暑くて全身から汗が流れてくる。そこに無数の蚊が押し寄せてきた。ブーンという声を上げて天を動かし地を動ずるような勢いで蚊が一斉に襲いかかってきて、私の前後左右を刺してきた。針を逞しくして突貫して直接私の鼻を刺すものもいる。羽を張って回り込んで眉毛を掠めていくものもある。

もう夜が更けてきて、人ももう静まっている。船は静かにひっそりとして、ただ舷側の灯りだけが河の底を照らしているだけであった。しかし、蚊たちはいっそう力を激しくしてどんどん襲ってきた。手で払おうとしたら足にたかってくる。足を払えば手にまた戻ってくる。顔の回りに群がっている蚊を払ったら今度は背中のほうにいっぱい群がって、もうどうしようもない。

夏、円覚寺は蚊が多いのですけれど、よその蚊よりだいぶ大きい。蚊が湧いてくる時期に、私はこの宗演老師の話をするのです。

さて、そのときに宗演老師はどう思ったか。

是に於いて思惟《おもえ》らく、古人、道の為に己を忘れ仁の為に身を殺す。或は雪に立って臂《ひじ》を断ずるあり。或は錐《きり》を引いて股を刺すあり。或は刑に臨んで書を著《あらわ》すあり。或は痢に罹《かか》りて悟りを発《ほっ》するあり。

ここにおいて自分は思った。「身を殺して仁を為すあり」という言葉が『論語』の中にあるが、古人は仏道のために自分を忘れたのだ。「雪に立って臂を断ずる」というのは、慧可大師というお方が達磨さんのところに行って入門しようとして、自分の左肘を断ち切って覚悟を示したという話です。あるいは錐で自分の腿を突き刺したという話もある。「刑に臨んで書を著す」というのは肇法師《じょうほうし》という方が王様に捕まって死刑の宣告を受けたときに、七日の猶予をお願いして命がけで自分の書物を書き上げたという話です。「痢にかかりて悟りを発する」というのは蒙山《もうざん》和尚という中国の方が赤痢にかかって激しい下痢に襲われながらも集中して悟りを開いたという話です。このように仏道のために自分の身を犠牲にした人たちがいるのだ、と言っているわけです。

夜叉の為、餓虎《がこ》の為、母鹿《ぼろく》の為、唯大慈悲の為の故に、身を視《み》ること鴻毛《こうもう》よりも軽し。

最初の「夜叉の為」というのは、法隆寺の玉虫厨子に伝わる夜叉の話のこと。お釈迦様が前世で修行をしていたときに、この夜叉に自分の身を食べさせて施したという話があります。

次の「餓虎の為」というのは、飢えた虎に身を捧げたという話です。これもお釈迦様の前世の話です。お釈迦様は三人兄弟の末っ子の第三王子でした。兄弟で山に行ったところ、そこに飢えた虎がいました。お釈迦様はお兄さんたちに言いました。「あの虎がかわいそうだから何か食べ物をあげたい」と。すると兄たちは言いました。「それは無理だ。虎は生きた動物の肉しか食べないから」。それでお兄さん二人が帰った後、お釈迦様は自分の体を虎に施したというのです。このような、飢えた虎のために自分の命を捨てたというお釈迦様の前世の話があるわけです。

次の「母鹿の為」というのも、お釈迦様の前世の話です。仏教にはわりに鹿の話が多くて円覚寺も瑞鹿山といいます。お釈迦様が初めて説法をしたところも鹿野苑といって鹿がたくさんいたと言われています。そこになぜ鹿がいたかと言うと、お釈迦様の前世が鹿であり、その鹿の群れの王であったからだというのです。

その国の王様が鹿狩りをするのが好きで、しょっちゅう鹿の群れを狩って殺して食べていました。こんな勢いで殺されては絶滅してしまうというので、鹿の王であったお釈迦様がその国の王様のところに談判に行きました。

「王様、狩りをしたいのはよくわかりますが、あなたのようなやり方をしていたら我々はすぐに絶滅してしまいます。これから毎月一頭ずつ我々の群れから鹿を献上いたします。そうすれば王様もずっと末永く鹿を食べることができますし、我々も月に一頭であればどうにか群れがなくならずにおれます」

こういう談判をして交渉が成立するのです。ところがあるとき、身籠った母鹿が生贄《いけにえ》になる番に当たりました。その母鹿は「自分は死んでもいいけれども、このお腹の中にいる子どもがかわいそうだ」と歎き悲しみました。それを鹿の王が聞いて、自分が代わりになって王様のところに行くのです。

王様は驚きました。「あなたは鹿の王じゃないか。なんで王が生贄になるのだ」。そう聞くと、鹿の王は「身籠った母鹿が今回の生贄の当番であったけれども殺すに忍びないので私が代わりにやってきました」と言いました。それを聞いた王様は、申し訳ないことをしたと悔い改めて、以来、鹿を殺すことをやめました。そのためにその町には鹿が増えて、鹿の苑になりました。それが鹿野苑という名前になり、お釈迦様が初めて説法をしたのがその鹿野苑であったという話です。

この円覚寺にもそういう逸話がもとになって、仏日庵の上のところにある洞窟から鹿がたくさん下りて現れてきて、ご開山仏光国師がお説法するときには周りを取り囲んだという話があります。そこから瑞鹿山というようになったのです。

そういう経典にあるさまざまな話を宗演老師は蚊に群がられているときに思い起こして、「唯大慈悲の為の故に、身を視ること鴻毛よりも軽し」自分の慈悲を行ずるために自分の体のことなんかは昔の人は考えなかったと書いているのです。

噫《ああ》。我れ何人《なんぴと》ぞ。少《しょう》より出家して父母に甘旨《かんし》を供せず、六親《りくしん》戚《み》な棄離《きり》す。幸《さいわい》に師友の誨励《かいれい》を待って、多少の佛法を習得し、些少の禅味《ぜんみ》を咀嚼《そしゃく》す。然るに今是れ何の心行《しんぎょう》ぞや。纔《わず》かに此逆境に臨んで、霊台を攪乱《かくらん》すること是の如し。

自分は今までいったい何をしてきたのであろうか。若い頃より出家したので両親に対してろくな親孝行もできなかったし、親族ともう別れてしまった。幸いにも優れた師匠や優れた仲間に巡り合えて多少仏法を学び、少しばかりは禅の味を味わうことができた。しかし、今この蚊の群れに襲われて心を取り乱してしまっているというのはなんということであるか。こんな逆境に臨んで自分の心をかき乱してしまうとは何ごとであるのか。

ここにある「霊台」とは霊を安置する台という意味で「心」の譬えです。

噫、我れ是れ何人《なんびと》ぞ、生きて世に益なく、死して人に知られず、如かず、今此の一臠《いちれん》の頑肉《がんにく》を以て、此の蚊軍の犠牲となし、飽くまで彼等の口腹《こうふく》を満たしむることを得ば、衲《のう》が意亦《いまた》足りなん。

これ以上生きても自分のようなものは大して世の中の役に立たないかもしれない。死んだところで人には知られないかもしれない。であれば、今ここで自分のこの体を、この蚊たちのために施してあげよう。それで、蚊を満腹にさせてあげたならば、それで自分は十分ではないか。

蚊に刺されるのは苦痛ですが、どうせ刺されるのならば自分から蚊に血を施してあげようという気持ちになったわけです。そして蚊が満腹になるならいいではないかと思ったというのです。

これは発想の転換といえば転換です。我々も坐禅中は、蚊が飛んできても追い払ってはいけません。ずっと刺されるがままになっています。だから夏の坐禅というのは大変なのです。

◉逆境を絶好の機会ととらえる

こういう話がもとになっているのだろうと思いますが、ある老師が修行僧たちに「皆さん、蚊に刺されない方法を知っていますか?」と聞いたという話があります。蚊に刺されない方法がひとつあるというわけです。それは「蚊に血を施してあげなさい」と言うのです。蚊に刺されているのに変わりはないのですが、そういう見方をすると、それは蚊に刺されているのではなく、蚊に施していることになるというわけです。

長いこと禅寺におりますと、蚊に刺されることにも慣れるものです。新しく入った人たちは大騒ぎをしますけれども、私たちは何十年もやっていますから、いくら刺されても何も感じなくなっています。

皆さんでも、蚊一匹で大騒ぎするでしょう。でも考えてみれば、一匹の蚊がお腹いっぱいになるまで血を吸ったところで大した量ではないでしょう。そのぐらいの血は献血したつもりで吸わせてやればなんていうことはないのです。ですから私は蚊取り線香も何も使わずに坐禅をしていますけれども、全く平気です。これは坐禅していて唯一得た取り得というものかもしれません。

ある夏の盛りに、とある本山の方々が円覚寺にお参りに来て、山の中にある仏光国師のお墓で一緒にお経を読んだことがあります。夏ですから私のおでこや首にいっぱい蚊がとまっていました。しかし私はいつも吸われ慣れていることですからなんということなく読経《どきょう》を続けていました。するとその様子を目にした人たちが「さすが円覚寺の管長さんは蚊に刺されても微動だにせずお経を読んでいた」と感心しておられました。こちらはもう慣れているだけの話なのですが、蚊に刺されるというのは修行をする人間にとっても厄介な問題であるということなのでしょう。

是の如く観じ来《きた》って、中夜陰《ちゅうやいん》に甲板上に於いて、総《そう》に衣帯《えたい》を脱し裸体赤條《せき》々にして兀然《こつぜん》として危坐《きざ》して海印三昧《かいいんさんまい》に入る。

そういうふうに思って、夜の闇の中で着ているものを全部脱いで裸になって、意を決して坐って深い精神の統一に入った。

蚊から逃げようとするから苦しいわけですから、逆に「よし、素っ裸になって吸うだけ吸え」と腹を決めたわけです。そしてビクともせずにしっかりと坐り、深い坐禅の三昧に入ったのです。

始《はじめ》は蚊軍の喊声《かんせい》、耳辺《じへん》に喧《かまびす》しきを覚え、中ごろ蚊軍と自己と相和して、溽熱飢渇《じょくねつきかつ》亦《また》身に在ることを省《しょう》せず。終《つい》に五更《ごこう》に至って、寤寐髣髴《ごみほうふつ》、胸中豁然《かつぜん》として羽化して、太《たい》虚空界《こくうかい》に翺翔《こうしょう》するが如く、爽絶快絶《そうぜつかいぜつ》、殆ど名状《めいじょう》す可《べ》からず。

最初の頃は蚊の羽音が耳のあたりで煩《うるさ》いなと思ったけれども、ずうっと坐っているとやがて蚊と自分とがひとつになって、暑さも飢えも渇きも全く感じなくなっていった。明け方に至って心がかーっと開けて広い空中を悠然と飛んでいるような、言うに言われぬ爽快な気持ちになった。

苦痛の極みから一転して言葉にできないほどの爽快な気持ちになったというのです。そのときに突然、天気が変わります。

那時《なじ》一刹那、迅雷霹靂《じんらいへきれき》、電光一閃《いっせん》、驟雨沛然《しゅううはいぜん》として至り、滂沱《ぼうだ》たる点滴頭《てんてきこうべ》より背に

灑《そそ》いで、恰《あたか》も瀑布《ばくふ》をなす。時に徐ろに眼《おもむ》を開いて身辺を顧視《こし》すれば、時ならざるに真紅の茱萸《しゅゆ》粒《りゅう》々《りゅう》相重《かさな》りて面前に落在す。知る、是れ夜来蚊軍《やらいぶんぐん》の血に飽きて、自ら死地に陥りたるものなるを。

そのとき突然、雷がガラガラッと鳴って、稲光がピカッと光って、にわか雨がザァーッと降ってきて、滝のような雨に全身を打たれた。それでようやくハッと意識が戻って自分の周りを見ると、真っ赤なグミの実が目の前にいっぱい落ちていた。何かと思えば、蚊が腹いっぱいに血を吸って死んでいたのである。

諸禅徳《しょぜんとく》、怪むこと勿《なか》れ。衲《のう》が家醜《かしゅう》外《そと》に向って挙ぐることを。卑懐《ひかい》唯々一箇《いっこ》半箇《はんこ》の烈漢を得て、相倶《あいとも》に已墜《いつい》の宗風《しゅうふう》を挽回せんと欲するにあるのみ。

私がこんな恥を曝すような話をするのを不信に思わないでほしい。私はただ、こういう話を聞いてたとえ一人でも半人でも激しい志を起こす人が出て、私と一緒に禅の教えを再び盛んにしていこうという気持ちになってもらうことを望んでいるのだ。

正受老人が狼の群れの中で坐禅をしたのとは状況が違うかもしれませんが、気持ちの転換という点では似たところがあるように思います。正受老人は自ら狼の出る場所へ行ったのに対して、宗演老師は蚊に刺されて眠れずにいて嫌だ嫌だと思ってやむにやまれぬ状況であったわけですが、それで終わらずに「よし、これは自分の坐禅の絶好の機会だ」と考えたわけです。逆境が絶好の機会だというとらえ方は、正受老人に通ずるものがあると思います。

私らも修行時分に夏場に坐禅を行うとき、こっそり蚊取り線香を炷《た》いているのを師匠に見つかって、「宗演老師はこれぐらい坐禅をしたんだ。お前たちは坐禅をするのにいちいち蚊取り線香なんて炷いておって何事かぁ」と怒られたものです。しかし長いことやっているうちに、蚊に刺されるのはなんとも思わなくなってしまいました。今では偉そうに毎年六月頃、蚊が出始める頃になると、修行僧たちの前で宗演老師の話をして、「蚊なんか寄ってきたって何事のことであるか、しっかり坐れ」と言っている次第です。

こういう体験は、日本にいて次の円覚寺の管長だと大事にされていたらとうていできなかったでしょう。それを嫌って、宗演老師は敢えて自らの身をそういう劣悪な環境の中に置いて下坐行をされたのです。

◉円覚寺管長となった後も続いた八面六臂の活躍

この凄まじい体験を経て、明治二十二（一八八九）年、三十一歳で帰国すると横浜の永田僧堂の師家になりました。ところがその三年後の明治二十五（一八九二）年の年の一月に師匠である洪川老師が遷化なさいました。それを受けて、宗演老師は洪川老師の後取りとして三十四歳の若さで円覚寺の管長に就任なさるのです。

明くる年の明治二十六（一八九三）年、シカゴで万国宗教大会が開催されて、これに日本の仏教を代表して出席し、初めて欧米で仏教の話をなさいました。その話を聞いて感銘を受けたケーラスというアメリカ人が宗演老師のもとから誰か優れた若者をアメリカに派遣してほしいと言われて、鈴木貞太郎、後の鈴木大拙が宗演老師の指名でアメリカに渡るわけです。

この頃の出来事をひとつご紹介すると、宗演老師が管長になって間もなく、三十五、六の頃に、夏目漱石が円覚寺に坐禅にやってきました。宗演老師を見た漱石は「どんな年寄りかと思ったら若いので驚いた」と書いています。そのとき漱石は十数日しか滞在せず、禅の問題をもらったけれども、なかなかうまく体験は得られなかったようです。

ただ、そのときのことを『門』という小説に書いています。そこには「自分はこの門をくぐれる人ではなかった。しかし、門を通らずに済ませることのできる人間でもない。

自分は門の前に佇むだけの人である」といったことを上手に書いています。

晩年、夏目漱石は宗演老師に再会していろいろな話をしています。かつて円覚寺を訪れたときには深い体験は得られなかったにしても、禅や仏教に対する関心というのは生涯続いていたようです。円覚寺塔頭の帰源院の和尚さんとは随分親しくしていて、ここの境内には漱石の句碑もあります。

夏目漱石は数え五十歳という若さで亡くなりましたが、そのお葬式では宗演老師が導師を務められました。漱石といえば日本では誰も知らない人はいないほどの有名人でしたから、その葬儀で導師を務めたというので宗演老師も随分有名になったように思います。

明治三十六（一九〇三）年、四十五歳になった宗演老師は、これも珍しいことなのですが、円覚寺と建長寺という二つの本山の管長を兼ねることになりました。今の時代ではちょっと考え難いことですが、それだけ宗演老師に人望があったということなのでしょう。

明治三十七（一九〇四）年二月八日に日露戦争が勃発します。すると宗演老師は日露戦争の従軍僧となられ、兵隊の慰問をされました。これが四十六歳のときですが、驚くべきことがその翌年、四十七歳のときに起こります。なんと、建長寺・円覚寺の両派の管長を辞して、東慶寺に入られるのです。そしてその後すぐ、六月から翌年九月まで一年三か月の間、アメリカ、ヨーロッパ、インドを巡る旅に出るのです。当時は飛行機のない時代ですから船旅です。

先にお話ししたように、若い頃の宗演老師は非常に破天荒なところがあって、お酒を飲んだり女性と遊んだりということもあったのですけれども、この二回目の渡米以後はもう一切お酒を飲まずに謹厳に戒律を守っていったと言われています。四十八歳のときに日本に帰ってくると、その後は日本全国を旅から旅へ仏教を説いて回りました。これも驚くべきことです。青森から、四国、九州まで、よくこれだけ動いたなというような活躍をされております。いろんな場所でお説教をし、あるいは坐禅の指導を行っておられます。それに生涯を懸けております。

円覚寺の管長になると、どうしても決まった儀式とか行事があるために、そう自由に何日も出かけることができません。宗演老師は、晩年になるとそういう役目は後進の者に譲って自らは自由に動き回られたのです。

この役目を譲るというときにも非常に面白い話が残っています。宗演老師は二十五歳で洪川老師に印可を受けて老師様になっています。そのとき洪川老師のもとには遥かに先輩の人たちが何人もいたわけです。そういう人たちの中には、若い宗演老師が後からやってきて先に老師になるのが面白くなくて「やってられるかい」と言って飛び出した者もいました。

その一人に京都の相国寺に行って修行をして老師になられた方がいます。宗演老師はその人を自分の後の円覚寺の管長に招いているのです。それが宮路宗海老師という方です。これは宗演老師の度量の広さを物語るいい話だと思います。

最晩年に、といっても五十八歳ですが、宗演老師はもう一度円覚寺派の管長に就任します。しかし、病を得てその三年後の大正八（一九一九）年十一月一日、六十一歳の若さで亡くなられるのです。肺の病気であったといいます。あの時代は、鉄道に乗る人は皆、肺をやられました。蒸気機関車ですから、石炭を燃やしてすごい煙を吹き上げます。それを吸い込んで肺を悪くした人が多かったのです。特に鉄道関係の人には肺をやられる人が多かったようです。

宗演老師も、蒸気機関車に乗って日本全国を回っていましたから、多分それで肺をやられたものと思います。ご遺体はそのまま東慶寺に埋葬したと聞いています。

◉数多くの優秀な弟子を育て上げた宗演老師

自分のもとで修行をして教えを受け継いだ者、印可、免許皆伝を渡した者を法嗣《はっす》といいます。宗演老師は非常に度量が広いというのか、人をよく認め、八人もの法嗣を育てられました。その中には京都の大徳寺の管長になったような人もおります。

輟翁宗活（釈宗活）という人には「寺を持つな。在家の人の坐禅の指導をしろ」と言いました。これも非常に斬新な考えです。そうして始まったのが、日暮里にある坐禅会です。私は先日そこに行ってお話をしてきたのですが、その道場ができたのが大正四（一九一五）年だそうです。そのときに宗演老師が訪れたというお話でした。今年はそれからちょうど百年です。百年目にして円覚寺の管長が再び来てくれたというので、坐禅の会の人たちは大変喜んでくれました。

また、宗演老師が育てた尭道慧訓という人も、のちに円覚寺の管長になっています。このように、多くの優秀な弟子を育て上げたのです。

◉和歌に込められた「人のために尽くす」覚悟

宗演老師は歌人の佐佐木信綱について和歌を学び、わりといい歌もお作りになっております。一番有名なのが次の歌です。

心よりやがてこころに伝ふれば　さく花となり鳴く鳥となる

（大切な教えを人から人へ、心から心へと伝えていけば、それは必ず花となって開くであろう、鳴く鳥となって現れるであろう）

その他にいくつか挙げてみると、

いく世へて朽ちぬ心のほの見えぬ　雪間ににほふ老梅《ろうばい》のはな

（雪の間に梅の老木に花が咲いているのは、どんな時代にあっても変わることのない心のようなものではないか）

わが身には昨日もあらず今日もあらず　ただ法《ほう》の為《ため》つくすなりけり

（自分は昨日のことも今日のことも、もちろん明日のことも考えない。ただ仏法を弘めていくために尽くすだけだ）

これは宗演老師が生涯実践したことでしょう。円覚寺と建長寺の管長を辞めてからは文字どおり日本全国を回りました。それにより大勢のお弟子さんたちがついてきたのです。

ゆめの世にゆめの此身のしばしありて　み法《のり》をぞ説く天地《あめつち》の為

（この世は確かに夢の世の中かもしれない。この身もやがて消えゆく夢の如きものかもしれない。でもその夢の如き一瞬があるからには、夢のような今日の一日を自分はこの天地のために、人々のために仏法を説いていくのだ）

これは仏光国師の心とひとつになっています。生涯、人の苦しみのために、苦しみを救うために尽くしていくという気持ちなのです。

人のため世のためつくる罪ならば　我は厭《いと》はじ地獄の火をも

（世のため人のために尽くしていくのであれば、たとえ地獄の中でも自分は恐れることはない）

これは非常に激しい心を歌っています。宗演老師は文字どおりそのために寿命を縮められたのです。坐禅をしてお寺で暮らしているだけであれば、もう少し長生きなされたであろうと思います。宗演老師がお亡くなりになったときに、いろいろな人が「この人があと十年生きていたら日本の仏教はもっと変わっていたであろう」と言って惜しまれたそうです。六十一年という生涯は短すぎたのです。しかし、自分はそれを決して悔いはしないんだという。人のために尽くすのであれば、地獄の火でも恐れることはないという覚悟を持っておられたのです。

宗演老師は非常に眼光の鋭い人であったと伝えられております。宗演老師に睨《にら》まれると、たいていの人はビクっとしたといいます。それでいて、非常に情に厚い人であったということも言われております。お若い頃にやんちゃをして遊んだような人は、人情にも通じているのだろうと思います。芝居を見に行くと、よくハラハラと涙を流していたということが書かれていますが、非常に謹厳な面と情にもろい面と両面があったのでしょう。

◉自らを戒め、人を導いた九つの座右の銘

最後に宗演老師の座右の銘をご紹介したいと思います。

一、早起《そうき》未だ衣を改めず　静坐《せいざ》一炷香《いっしゅこう》

朝起きたら衣を着替える前に、布団の上でもいいから、お線香一本が燃える間、静かに坐る。これは私も一般の人たちに坐禅を勧めるときによくお話しします。夜寝る前に

坐るというのは、疲れて寝てしまいますからなかなか難しいと思います。しかし、朝に少し早起きをして枕でもお尻のところにあてて背筋を伸ばして三十分前後坐るというのはとてもいいことだと思います。

一、既に衣帯《えたい》を著《つ》くれば　必ず神仏を礼す

着物を着替えたら、まず神様仏様に手を合わせる。これもいいことです。

一、眠るに時を違《たが》えず　食《じき》飽くに到らず

眠る時間はきっちり眠る。眠るべき時でないときは眠らない。食事をするにしてもお腹いっぱいまでは食べないで腹八分目で抑えておく。

一、客に接するときは獨りおるが如く、獨りおるときは客に接するが如し

客に接するときは自分が独りでいるときのようにゆったり寛いでいる。つまり、客のことを意識しないでゆったりとした気持ちで応対するということだと思います。また、独りでいるときは客が前にいるように自分の身を慎む。これは『大学』にある「君子は独りを慎む」というのと同じでしょう。なかなか難しいことですが、いい言葉だと思い

ます。

一、尋常苟《いやしく》も言わず　言うときは必ず行う

これは軽々しくものは言わない、言ったことは行うということです。言うことと行うことが一致するのが信《まこと》であるというのは東洋の伝統です。

一、機に臨んで譲ること莫《な》し　事に当たって再び思う

『論語』にも「仁を当《あ》りては師にも譲らず」とあります。仁を行うときには誰にも遠慮することはない。しかし、それが本当に大事なことであるのかどうか、もう一度よく考えなさい、ということです。

一、妄《みだ》りに過去を想うことなく　遠く将来を慮《おもんぱか》れ

いつまでも過去のことを想うのではなく、遠い将来のことを考えなさい、と言っています。

一、丈夫《じょうぶ》の気を負《お》い　小児の心を抱く

事にあたっては勇ましい気持ちを持ち、それでいて同時に赤ん坊のような繊細な心も忘れるな。

一、寝《しん》に就《つ》くときは棺《かん》を蓋《おお》うが如く　褥《しとね》を離れることは履《り》を脱するが如し

夜、布団に入るときは棺桶に入って蓋をするつもりで寝ろ、と。一日一生、今日で自分の一生が終わるぐらいのつもりで休めと言っているのです。また、朝起きて布団を離れるときは靴を脱ぐが如くにしろ、と。これは布団から出るときに躊躇《ためら》わないで、靴を脱ぐときのようにサッサと布団から出ろということを言っています。もうちょっと寝ていたいとぐずぐずしていてはいけない、ということでしょう。

釈宗演老師はこういう身近な座右の銘を四十三歳のときに作って自らを戒め、そして人に対してお話をするときにもこの九つの座右の銘についてお話しになったりしておられます。いずれも簡潔でありながら味わいの深い座右の銘であると思います。

朝比奈宗源老師（円覚寺第十代管長）は、釈宗演老師についてこんなことを言っておられます。

「体格はやや小で蒲柳《ほりゅう》の質《しつ》であったが、気性は活達雄偉、頭脳は明晰俊敏で、一生涯

老師の特徴として知られたあの炯々《けいけい》として人を射る眼光も、ただ禅道修行の結果としてのみと言い切れない先天的なものがあったようである。

その老師が、少時から道骨峻々たる近代の大禅者、儀山、越溪、洪川老師等の鉗鎚《けんつい》を受け、非常意識の強い環境に育ったのである。自然、生鉄鋳成す底の漢となられたのは当然である」

朝比奈宗源老師の言葉にあるように、生来の才能が厳しい師匠たちに鍛えられて見事に咲き誇った一生であったと言っていいのではないでしょうか。

さて、ここまで七人の禅僧についてお話をしてまいりました。難しい仏教の言葉も出てきて、戸惑われた方もおられるかもしれません。しかし、大切なのはそうした言葉の意味を覚えることではなくて、その奥にある智慧を汲み取ることです。普段あまり仏教や禅に関心がないという人でも、それぞれの禅僧の逸話とかエピソードをお読みいただければ、生きるヒントになるような智慧がいくつも見出せると思うのです。

ですから、「こんな禅僧がいたのか」と感心し興味を持っていただくことも結構ですけれども、ぜひその生き方の一端をご自分の生活に取り入れていただいて、それぞれの禅僧たちの思い願ったことを自らの内で体験していただきたいと思います。

【参考文献】

五山版『仏光国師語録』
『仏光国師語録』国訳禅宗叢書第二輯第二巻（第一書房／一九七四年）
『円覚寺史』（春秋社／一九六四年）
『夢窓国師語録』（禅文化研究所・編、天龍寺僧堂・発行／一九八九年）
『日本の禅語録』〈第7巻〉夢窓（講談社／一九七七年）
『夢窓国師』玉村竹二（サーラ叢書／一九五八年）
『夢窓国師の言葉と生涯』（春秋社／二〇〇〇年）
『夢窓国師－その漢詩と生涯』（春秋社／二〇〇九年）
『日本の禅語録』〈第15巻〉無難・正受（講談社／一九七九年）
『正受老人集』（至言社／一九七五年）
『日本の禅語録』〈第19巻〉白隠（講談社／一九七七年）
『近世禅僧伝7 白隠和尚年譜』（思文閣出版／一九八五年）
『鈴木大拙禅選集〈10〉激動期明治の高僧今北洪川』鈴木大拙（春秋社／二〇〇一年）

『釈宗演伝― 禅とＺｅｎを伝えた明治の高僧』井上禅定（禅文化研究所／二〇〇〇年）
『新訳・釈宗演『西遊日記』』釈宗演・著、井上禅定・監修、正木晃・翻訳、山田智信・解説（大法輪閣／二〇〇一年）

〈著者略歴〉

横田南嶺（よこた・なんれい）

昭和39年和歌山県生まれ。62年筑波大学卒業。在学中に出家得度し、卒業と同時に京都建仁寺僧堂で修行。平成3年円覚寺僧堂で修行。11年円覚寺僧堂師家。22年臨済宗円覚寺派管長に就任。著書に『いろはにほへと　ある日の法話より』（インターブックス）『祈りの延命十句観音経』（春秋社）、ＤＶＤに『精一杯生きよう』（禅文化研究所）がある。

禅の名僧に学ぶ生き方の知恵

平成二十七年九月二十五日第一刷発行

著　者　横田南嶺

発行者　藤尾秀昭

発行所　致知出版社

〒150-0001東京都渋谷区神宮前四の二十四の九

ＴＥＬ（〇三）三七九六―二一一一

印刷　㈱ディグ　製本　難波製本

落丁・乱丁はお取替え致します。　（検印廃止）

ISBN978-4-8009-1083-7 C0095

ホームページ　http://www.chichi.co.jp

Ｅメール　books@chichi.co.jp

ビジネス・経営シリーズ

人生と経営
稲盛和夫 著
京セラ・KDDIを創業した稲盛和夫氏は何と闘い、何に苦悩し、何に答えを見出したか。稲盛和夫の原点がここにある。
定価／税別 1,500円

経営問答塾
鍵山秀三郎 著
経営者ならば誰でも抱く二十五の疑問に鍵山氏が自身の経験を元に答えていく。経営者としての実践や葛藤は、まさに人生哲学。
定価／税別 1,500円

松下幸之助の求めたるところを求める
上甲 晃 著
「好景気よし、不景気なおよし」経営の道、生き方の道がこの一冊に。いまこそ底力を養おう。
定価／税別 1,333円

志のみ持参
上甲 晃 著
「人間そのものの値打ちをあげる」ことを目指す松下政経塾での十三年間の実践をもとに、真の人間教育と経営の神髄を語る。
定価／税別 1,200円

男児志を立つ
越智直正 著
人生の激流を生きるすべての人へ。タビオ会長が丁稚の頃から何度も読み、血肉としてきた漢詩をエピソードを交えて紹介。
定価／税別 1,500円

君子を目指せ小人になるな
北尾吉孝 著
仕事も人生もうまくいく原点は古典にあった！古典を仕事や人生に活かしてきた著者が、中国古典の名言から、君子になる道を説く。
定価／税別 1,500円

立志の経営
中條高德 著
アサヒビール奇跡の復活の原点は「立志」にあり。スーパードライをトップブランドに育て上げた著者が語る、小が大を制する兵法の神髄とは。
定価／税別 1,500円

すごい仕事力
朝倉千恵子 著
伝説のトップセールスを築いた女性経営者が、本気で語る「プロの仕事人になるための心得」とは？
定価／税別 1,400円

上に立つ者の心得
谷沢永一／渡部昇一 著
中国古典『貞観政要』。名君と称えられる唐の太宗とその臣下たちとのやりとりから、徳川家康も真摯に学んだリーダー論。
定価／税別 1,500円

小さな経営論
藤尾秀昭 著
『致知』編集長が三十余年の取材で出合った、人生を経営するための要諦。社員教育活用企業多数！
定価／税別 1,000円

人生を考える「朝一言」の習慣

「一日一言」シリーズ

「安岡正篤一日一言」

安岡師の膨大な著作から
金言を366厳選
●安岡正泰 監修
●新書判　定価＝本体1,143円+税

「森信三一日一語」

森哲学の真理の結晶とも言える
珠玉の語録集
●寺田一清 編
●新書判　定価＝本体1,143円+税

「坂村真民一日一言」

人生で口ずさみたくなる
言葉が満載の一冊
●坂村真民 著
●新書判　定価＝本体1,143円+税